犯罪へ至る心理

エティエンヌ・ド・グレーフの思想と人生

梅澤礼

光文社新書

まえがき

エティエンヌ・ド・グレーフとは

いまから約1世紀前、第一次世界大戦からの復興を遂げたベルギーで、オリンピックが開催されました。戦時中に閉鎖されていた大学も再開し、学生たちはようやく教室に戻ってくることができました。そのなかに、エティエンヌ・ド・グレーフという学生がいました。戦時中、人々が体にも心にも傷を負うようすを見た彼は、医者になることを決意していました。

その後、ヨーロッパはふたたび戦禍に見舞われ、ベルギーはナチス・ドイツに占領されます。それでもド・グレーフは、精神科医として、さらには犯罪心理学者として活動を続けました。そのうえ戦後は専門知識を活かした小説も発表し、ベルギーはもちろんのこと、ヨーロッパや南アメリカでも知られる人物となったのです。病のため62歳で没した後も、その著

図表P-1　エティエンヌ・ド・グレーフ

出典）Jean Pinatel et al., Autour de l'œuvre du Dr E. De Greeff 1, L'Homme criminel. Étude d'aujourd'hui, Nauwelaerts (Louvain), Béatrice-Nauwelaerts (Paris), 1956.

作は多くの言語に翻訳され、国際犯罪学会は彼の名前を冠した賞をいまもすぐれた研究者に与え続けています（図表Ｐ－１）。

日本におけるド・グレーフの知名度

そうは言っても、いま本書を読んでくださっている皆さんのなかに、ド・グレーフの名前を聞いたことがある人はほとんどいないことでしょう。彼が活躍した精神医学、犯罪学、文学いずれの分野においても、日本で彼に言及されることはまずありません。

邦訳されたド・グレーフの著作も一冊だけです。河野裕明が訳し、１９６４年にドン・ボスコ社から出版された『精神病学と宗教』という研究書です。精神科医の三浦岱栄《たいえい》によるその序文では、ド・グレーフの詳しい経歴は不明とされています。

ド・グレーフと関わりのある日本人はもう一人います。法学者の團藤重光です。『刑法紀行』（１９６７）によれば、團藤は１９５９年にベルギーを訪れました。そして、ド・グレーフが勤務するルーヴァン刑務所に行き、面会も果たしています。ただ、彼のことはそのとき初めて知ったようで、文学作品を発表していたことも後になって人づてに聞いたといいます。その後ド・グレーフは亡くなり、團藤はもっと話をすればよかったと後悔しています。

ド・グレーフの知名度が国によって異なるのは、彼がベルギー人であることが関係しているのかもしれません。ベルギーの公用語はフランス語とオランダ語とドイツ語で、このうちド・グレーフはフランス語を使用しているのですが、彼の研究が隣の大国フランスで認められるには、やはりフランス人による紹介を待たなければなりませんでした。その後、ド・グレーフによる専門書はヨーロッパの各国の言葉に翻訳されます。しかし、なぜか英語訳はあまりありません。そのため、英語圏や、英語圏の学問が重点的に参考にされる国では、ド・グレーフは存在すら知られていないのです。しかも、ド・グレーフの説明は難解で、一般向けに書かれたものは数冊しかありませんし、これらの内容をふまえていないと、彼が手がけた小説も十分に理解することができないのです。

こうしたなか本書がド・グレーフを取り上げるのは、おもに三つの理由からです。一つめの理由は、犯罪学者ド・グレーフの代名詞ともいえる理論、犯罪生成プロセス理論に関係します。これは情痴犯罪（crime passionnel）の犯人の心理を解明したものなのですが、このタイプの犯罪は、加害者が男性、被害者が女性であるケースが多いことから、現代ではフェミサイドという言葉でも呼ばれるようになっています。つまり、ド・グレーフの理論は、1世紀も前の理論でありながら、いま世界的に非難が高まっているフェミサイドや、日本で問題になっているストーカー殺人にも当てはまるかもしれないのです。

二つめの理由は、作家としてのド・グレーフの特異性にあります。精神医学や犯罪学に関心を寄せた作家は、彼だけではありません。しかし精神医学と犯罪学の専門家でありながら文学作品を執筆したというのはかなりめずらしい例ですし、文学と科学の関係についても考えさせてくれます。

何より、そうしたド・グレーフの活動の基盤となっていたのは、異質とされる人々との関わりや戦争体験のなかで築き上げられた、人間の本能に関する独自の考えでした。そんなド・グレーフの思想は、国外では戦争が終わらず、国内では増悪犯罪がなくならない、現代社会の理解にも役立ってくれるのではないかと思うのです。

本書の構成

ベルギーという、ドイツとフランスにはさまれた国で二つの大戦を生き延びたド・グレーフは、いったいどのような経緯で精神科医、犯罪学者、そして作家になったのでしょうか。精神科医としての彼はどのような経験をし、犯罪学者としての彼はどのような理論を生み出し、作家としての彼はどのような作品を残したのでしょうか。彼の業績はなぜ今日でも多くの国で注目されているのでしょうか。彼の思想は、現代の日本を生きる私たちにどのようなヒントを与えてくれるのでしょうか。

第一章では、ド・グレーフが生まれたベルギーという国について確認したうえで、まずは彼の子ども時代に注目します。というのもド・グレーフはのちに、自分の使命は生まれ故郷の小学校から始まったと語っているからです。大学を出た彼は、ゲールという町に赴任します。そこは世界的にも珍しい、精神障害者と共生する町でした。この町で子どもたちのケアに当たった経験は、その後ボーランという村に聖母が現れて大騒ぎになったとき、目撃者である子どもたちに対して行なった医学調査でも活かされることになります。

第二章では、犯罪学者としてのド・グレーフに注目します。彼の犯罪生成プロセス理論によると、人間はいきなり罪を犯すのではなく、三つの段階を踏みながら実行へ移るといいます。とくに恋愛感情がからんでいた場合、殺人の前に人間は、それまで費やしたお金を相手に要求したり、相手について根拠のない中傷をしたり、周囲に自殺をほのめかしたりするといいます。逆に言えば、このプロセスをきちんと理解していれば、犯罪も防ぐことができるというのです。もちろん、ド・グレーフの専門はもともと精神医学ですから、刑事責任能力や精神鑑定といった問題も関わってきます。

　第三章では、作家としてのド・グレーフの活動を紹介します。犯罪生成プロセス理論を発見した彼は、犯罪の予防のために、授業や公開講座で知識を広めるだけでなく、自身の理論をもとにした小説も発表しました。これはド・グレーフが、人間の持つ本能のうち、防衛本能と共感本能を強く意識していたこととも関係しています。学問も世間も防衛本能をもって異質な存在を眺めるなかで、バランスを保つためには共感的な視点こそが必要なのであり、文学はその助けになってくれるだろうと考えたのです。

　学術書ではなく一般書であることから、本書にはできるだけ引用注をつけていません。また、現代では差別的と捉えられかねない意見や用語も極力省きました。とはいえ、本書で展開されている考えのなかに、ド・グレーフの本に書かれていないものは、私見と明示されている箇所を除いていっさいありません。

ド・グレーフの理論には、現代の専門家からすれば首をかしげるところもあるでしょう。それにド・グレーフの論文や研究書は難解であることから、医学も心理学も専門ではない筆者は、かなり噛み砕いた形で説明しています。しかしそのことが逆に、ド・グレーフの意志に沿っていることになるのかもしれません。

> 観察結果は、知的な人々に受け入れられるものでなければならないが、かといって同じ職業の人間同士でしかわからない隠語のようなものであってはならない。月並みなものにならないように注意しつつ、一般書のようなつもりで書かれなければならないのだ。[1]

＊1　第二章の注22を参照。

犯罪へ至る心理

エティエンヌ・ド・グレーフの思想と人生

目次

第三章

作家としてのド・グレーフ

――共感本能を取り戻すために

目次・章扉作成／熊谷智子
本文地図作成／デザイン・プレイス・デマンド

第一章

精神科医としてのド・グレーフ

——信仰と科学のはざまで

人間とは、かくも弱くかくも立派なものである。

1-1　精神医学への道

ベルギーという国

まずは、ベルギーがどこにあるのかから確認しておきましょう（図表1-1）。ヨーロッパの地図を開いてみると、フランスの北、ドイツの西に、オランダとも国境を接する小さな国があるのがわかります。それがベルギー王国です。面積は日本の九州ほどしかありませんが、大きな山がないことから、電車に乗ればひたすら地平線を眺めることができます。人口密度は日本と同じくらい高く、7割以上の国民がキリスト教（カトリック）を信仰しています。

この国の歴史については、フランスの歴史に比べてあまり知られていません。しかし5世紀、フランク王国の創始者であるクローヴィスが生まれた場所はトゥルネーであり、最初の首都が置かれたのもパリではなく、この場所でした。11世紀末に始まった十字軍の指揮官の一人ゴドフロワ・ド・ブイヨンの城もベルギーの南部にあります。毛織物で栄え、イギリスとフランスの百年戦争のきっかけの一つとなったフランドル伯領はというと、現在のベルギー北部にあたります。16世紀、画家のルーベンスや人文主義者エラスムスが学んだのもルー

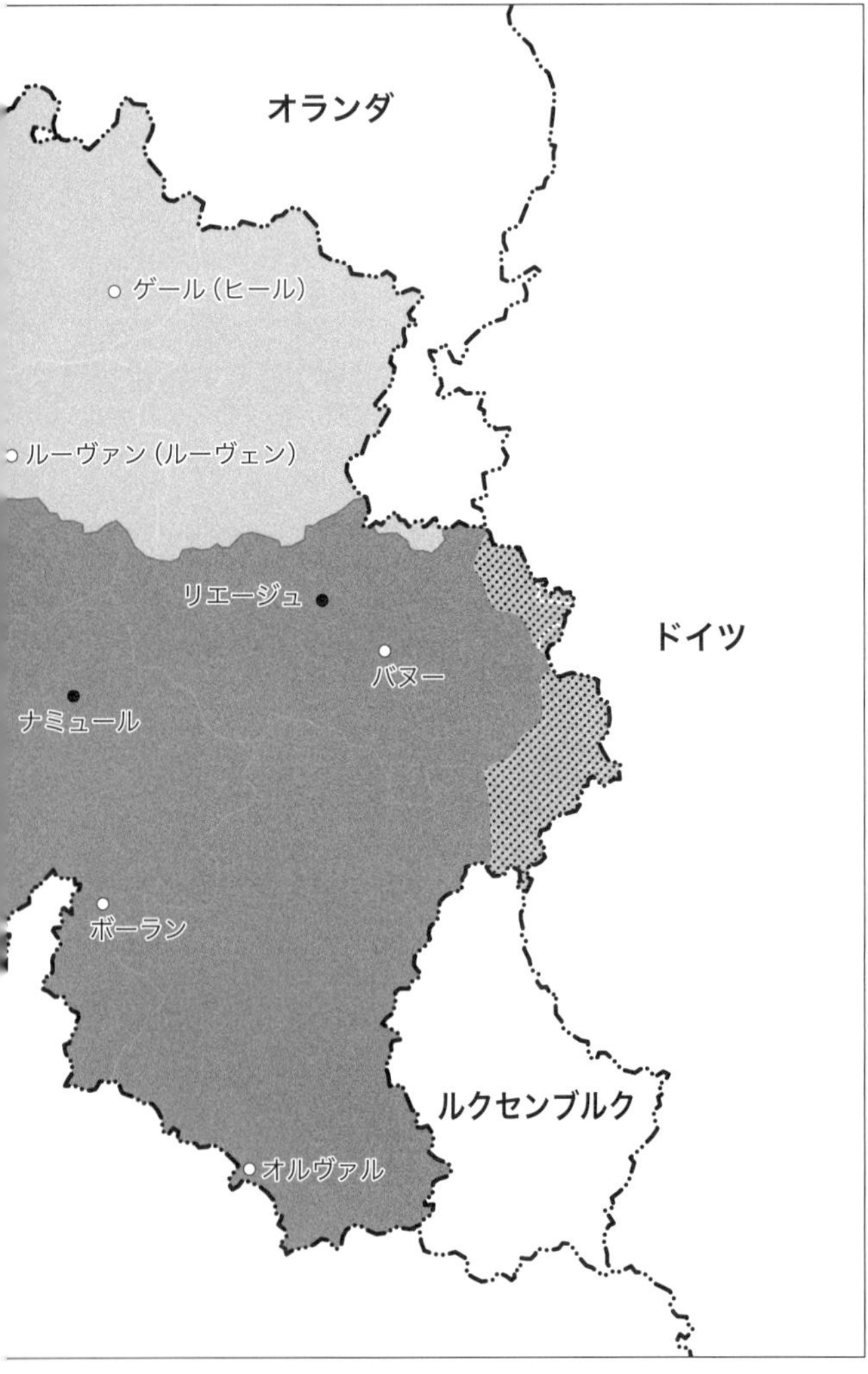
オランダ
ゲール（ヒール）
ルーヴァン（ルーヴェン）
リエージュ
バヌー
ドイツ
ナミュール
ボーラン
ルクセンブルク
オルヴァル

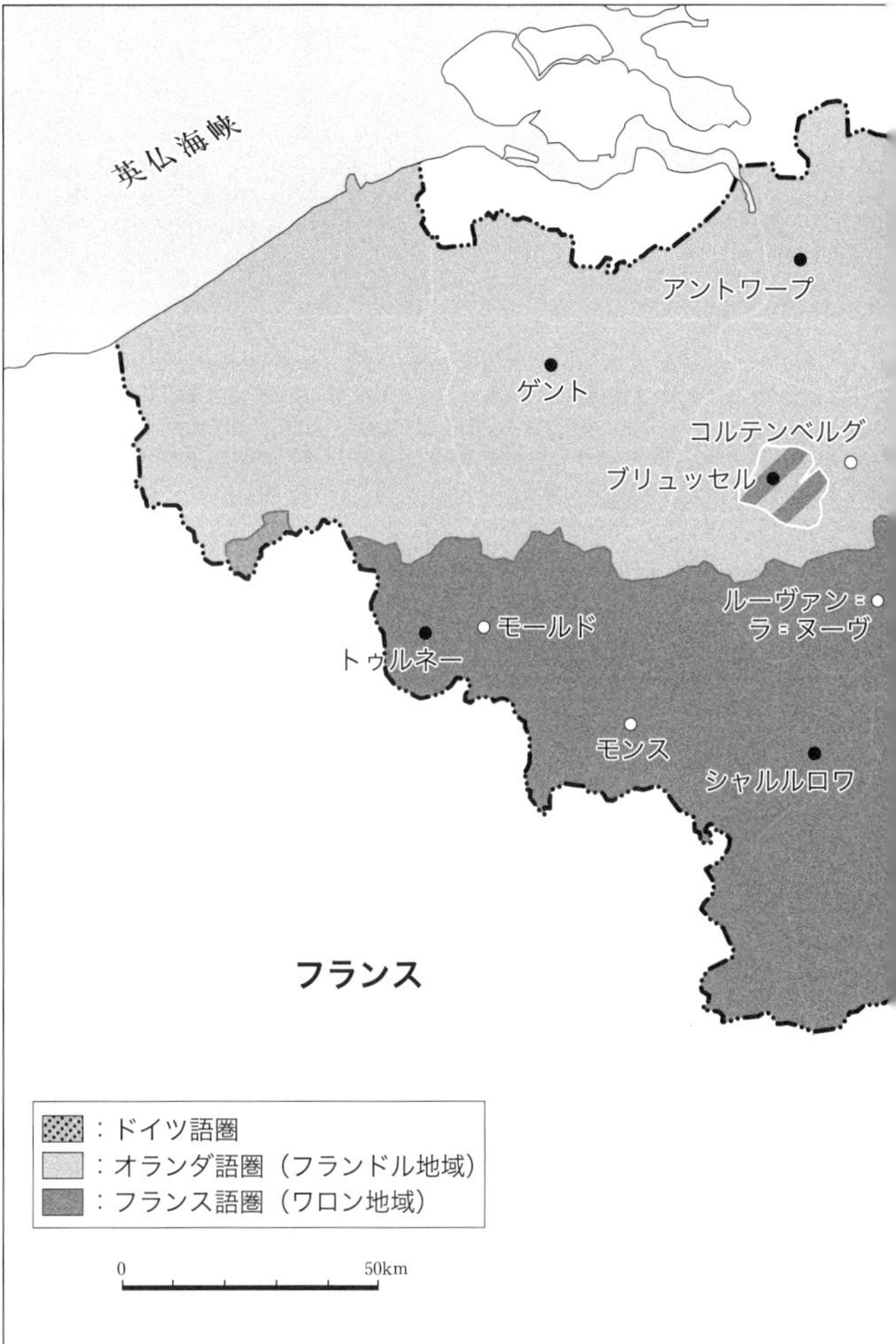

図表1-1　ベルギーの地理

ヴァンでした。もっとも有名なのは、１８１５年にナポレオンが敗れたワーテルローの戦いかもしれません。

ブルゴーニュ公国、スペイン、ついでオーストリアの統治下にあったベルギーの地は、１７９５年にフランスに併合され、ナポレオンが敗北してからはネーデルラント領になりました。しかし１８３０年、フランスで七月革命が起こると、１ヶ月後にベルギーでも革命が起こります。ブリュッセルの劇場の観客たちが、祖国愛を歌ったオペラに背中を押され、そのまま通りに出て抵抗運動を開始したのです。その年のうちにベルギー王国が誕生し、国王レオポルド１世が即位しました。

それまでベルギーには、オランダ語に似たフラマン語を話すフランドル地域と、フランス語に似たワロン語を話すワロン地域がありました。ただ、フランス統治時代に徹底した言語政策が行なわれたこともあって、独立後はフランス語が公用語となります。そんななか１８６５年、ある事件が起こります。フランス語のわからないオランダ語圏の被告が、フランス語による裁判で死刑となり、しかものちに冤罪《えんざい》であったことが判明したのです。

これを受けて19世紀末、すべての法律は二言語で表記されるようになりました。そして20世紀になると、フランドル地域ではオランダ語だけを話そうという運動が起こるのです。深刻な言語対立を経て、現在では北部のオランダ語、南部のフランス語、それに東部一地域のドイツ語を合わせた三カ国語がベルギーの公用語となっています。ある調査によれば、同じベルギー国籍でありながら、オランダ語話者とフランス語話者の夫婦は、全夫婦の１％にも満たないといいます。

エティエンヌ・ド・グレーフの誕生

といってもこれは21世紀の話であって、異なる言語圏出身の夫婦というのは、昔はそれほど珍しくなかったのかもしれません。

19世紀も終わりに近づいたころ、あるオランダ語圏の若者が、フランス語圏の女性と結婚しました。二人はフランス語で会話をしました。住まいも、彼の実家があったオランダ語圏の村から、フランス語圏のトゥルネーに移りました。そこの裕福な家に住み込んで、夫は厩舎の責任者、妻は家庭教師として働いたのでした。

そんな夫妻の間に長男が生まれたのは、１８９８年10月28日のことでした。子どもはエティエンヌ＝ジャン＝バティスト・ド・グレーフと名づけられました。敬虔《けいけん》なカトリック教徒であった夫妻は、それまで堅実に貯めてきたお金で、トゥルネー近郊の村モールドに農場を

図表1-2　モールドの町並み

買います（図表1-2）。一家が住んだ家はラ・フォンテーヌの道と呼ばれる通りにありましたが、由来は寓話詩の作家ラ・フォンテーヌではなく、集会所として使われていた食堂ラ・フォンテーヌだということが、この村の素朴さを物語っているかのようです。

妹が生まれたのは、ド・グレーフが2歳のときでした。幼いながらも面倒見が良かったド・グレーフは、家政婦が用意した哺乳瓶を台所に取りに行き、妹の部屋まで運んできてくれることもあったといいます。ただし、そこはまだ子ども。持ってくる途中で中身をこっそり「味見」してしまうのが習慣になっていました。しかしある日、廊下で転んでミルクをこぼしてしまったド・グレーフは、神さまが罰を与えたのだと思い、盗み飲みしていたことを両親に打ち明けます。このときの経験は、大人になってから、人間が世界をどのように捉えるのか考える際に思い出されたことでしょう（第三章）。

「悪い人」との出会い

本を読むのが大好きだったこともあって、ド・グレーフは想像力が非常に発達していました。そこに母親ゆずりの心配性が重なって、留守番をするときには、いくつもドアを開けておいたといいます。それは悪い人が入ってこないようにするためではなく、悪い人が入ってきてしまったときに、どのドアからでも逃げられるようにするためでした。

そんな「悪い人」に、ド・グレーフは早くも出会うことになります。10歳のとき、いつものように小学校で休み時間を過ごしていると、若い男の人が校庭に入ってきたのです（図表1-3）。若者は先生を呼び止めると、こう言いました。「弟を迎えにきました。叔母さんが倒れたので」。そして弟を連れて、若者は去っていったのでした。

その夜、ド・グレーフは昼間見た兄弟の叔母さんが亡くなったのを知りました。ただよく

図表 1-3　モールドにある小学校

聞けば、「亡くなった」というより「亡くなっていた」ようなのです。若者が弟を迎えにきたとき、叔母さんは倒れていたのではなく、すでに息絶えていた、ということです。それも、自然死ではありませんでした。あの若者に殺されていたというのです。つまり彼は、叔母さんを殺して、そのうえで弟を迎えにきていたのです。

　ド・グレーフが見かけたとき、若者はもう人を殺していた。ということは、ド・グレーフは本物の殺人犯のすぐそばにいたということになります。それまでド・グレーフは、殺人犯といえば、口にナイフをくわえた盗賊のように、どこからどう見ても悪い人とわかるはずだと思っていました。けれどもその考えは、このとき改めなければならなくなりました。校庭に現れた若者は、ほかの人たちとどこも変わったところがなく、後で話を聞くまで殺人犯とは思いもしなかったからです。のちに犯罪学者となったとき、彼は言っています。

　　あの昼下がり、村の小学校の校庭で、私の使命は生まれたのだろう。[1]

　小学校の先生はド・グレーフの成績を見て、中等教育（中学・高校の教育）を受けさせるべきだと両親に言いました。しかし、村に中等教育機関はなく、トゥルネーまで行かなければなりません。モールドからトゥルネーは、いまでこそバスが走っているものの、当時はとても子どもが通える距離ではなく、寮に入る必要がありました。それでも父は息子の意思を尊重し、母は２フランもするカメラを餞別《せんべつ》に持たせてくれました。

　こうして１９１０年、ド・グレーフはトゥルネーのノートルダム・ド・ラ・トンブ学校に入学したのでした。

図表1-4　トゥルネーの大聖堂

第一次世界大戦と大学

　このころド・グレーフが使っていたノートが残っています。表紙にはトゥルネーのノートルダム大聖堂のイラストが入っています。12世紀に建立されたこの大聖堂は、ロマネスク様式とゴシック様式の合わさった姿が特徴で、２０００年には世界遺産にも登録されています（図表１-４）。しかし、ド・グレーフのノートの表紙にはこのように書き込まれていました。

「トゥルネーの大聖堂。１９１４年、ドイツ人たちに占拠される」

　１９１４年8月4日、ドイツ軍はフランスを攻撃するべく、中立国であったベルギーの国境を越えます。ドイツ軍は当初、数週間もあればパリに着けるものと思っていました。しかし、その思惑は外れます。ベルギーの義勇兵たちの抵抗に苦戦を強いられたのです。戦いのなか、ドイツ軍は多くの町を焼き討ちにし、やがてルーヴァンにたどり着きました。

ルーヴァンは15世紀に大学が置かれていた都市で、すでに述べたようにルーベンスやエラスムスが学んだのもこの場所です。講義は18世紀末にいったん中断されましたが、ベルギー独立後の１８３５年、別の町に作られた大学がここに移されて、ふたたびルーヴァン大学と呼ばれるようになりました。

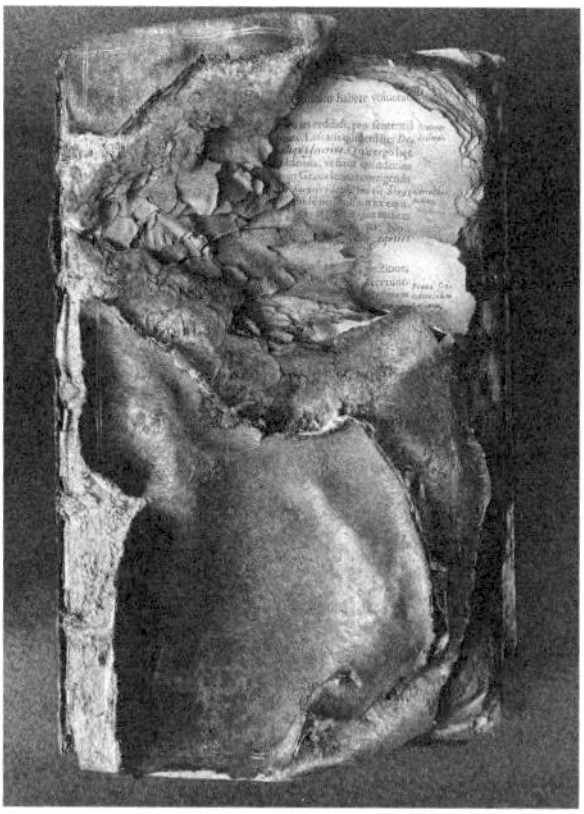

図表1-5　第一次世界大戦で焼け焦げた本

そのルーヴァンでもドイツ軍は街を破壊しつくしました。大学図書館にも火がつけられ、多くの貴重な資料が灰となりました（図表１-５）。ルーヴァン大学の学生も、２０００人以上が戦闘に参加し、３００人以上が亡くなったといいます。こうした状況のなか、ルーヴァン大学をはじめ国内の大学は閉鎖を決断、１９１８年までその扉を開くことはなかったのでした。

　その後、ドイツ軍はトゥルネーから約50㎞しか離れていないモンスにまで迫ります。このときルーヴァンからモンスを経て前線に向かっていたドイツ軍兵士のなかに、当時はまだ無名だったアドルフ・ヒトラーがいました。第二次世界大戦の際にベルギーを占領することになるこのナチス・ドイツの総統も、のちにド・グレーフの人間観に大きな影響を与えることになります（第二章、第三章）。

　それでも、ノートルダム・ド・ラ・トンブ学校では授業が続けられ、１９１６年、ド・グレーフは無事中等教育修了証書を授けられました。日本で言えば高校卒業にあたります。卒業後の進路は、ルーヴァン大学医学部でした。ただ大学は閉鎖されていたため、ド・グレーフはしばらくの間モールドの実家で自習をして過ごさなければなりませんでした。ようやく入学できたのは、じつに３年後のことでした。

　１９１８年11月11日、ベルギーは終戦を迎えます。ルーヴァンの町と大学の復興も始まりました。図書館の再建には時間がかかりましたが、各国から支援が集まり、日本も約１万４０００冊の本や美術品を届けました（図表１-６）。授業の再開はずっと早く、終戦から２ヶ月後の１９１９年１月、学長は学期開始を宣言します。このときをずっと待っていた全学

図表1-6　再建されたルーヴァン大学図書館の内部

約３０００人の学生のなかに、ド・グレーフの姿もありました。

　ベルギーの大学は、ほとんどの学部で入学試験がありませんが、代わりに進級も卒業も非常に難しいものとなっています。それでも、ド・グレーフはまじめに勉強して優秀な成績を修め、３年後、大学院に進みます。そして、精神医学の教授フェルナン・ドランデに出会ったのでした。

　ド・グレーフより20歳年上のドランデは、第一次世界大戦中にはトゥルネーに近いモンスの精神病院で働いていましたから、何か縁があったのかもしれません。しかもドランデの講義のおかげでド・グレーフは、「人間が何かしらの動機に囚《とら》われて行動へと動かされる、かくも弱くかくも立派なものである」[2]ことを知ったのです。ド・グレーフはドランデのもとで研修医になることを決めます。そして研修を終えた1924年、医学博士号を取得したのでした。26歳になっていました。

ドランデはド・グレーフを、自分が昔働いていた町に精神科医として派遣することにしました。その町が、ゲール（オランダ語ではヒール）です。

1-2　最初の勤務地での出来事

聖ディンプナと巡礼

ゲールは悲しい伝説のある町でした。

7世紀、アイルランドのディンプナという姫が、父から逃げるために海を越えてこの地にやってきました。ディンプナは母を亡くしたばかりでしたが、母によく似ているという理由から、父に求婚されたのです（図表1-7）。

実の娘との結婚は、かの国では問題ではありませんでした。しかしディンプナは、キリス

図表1-7　父親に求婚されるディンプナ

出典）Goossen Van der Weyden <The Life of Saint Dymphna> の一部。

ト教徒だった母の影響で、ひそかに洗礼を受けていました。肉親と関係を持つことは、キリスト教では禁止されています。そこでディンプナは司祭とともに船で逃げ、ゲールにたどり着いたのでした。

ディンプナと司祭はゲールの礼拝堂に隠れ住みました。しかし数年後、とうとう父に見つかってしまいます。あらためて娘を妻に迎えようとした父は、またしても拒絶されたことで、怒り狂って娘の首をはねてしまいます。そして、娘を助けていた司祭も処刑したのでした（図表1-8）。

図表1-8　処刑されるディンプナ

聖ディンプナ教会のステンドグラス。

このころ、狂乱状態の人は悪魔が取り憑《つ》いているのだと考えられていました。そのためゲールの人々は、父王は悪魔のせいで錯乱したのだと理解しました。その父の手にかかって殉教した娘は、父を救ったことになります。こうしてディンプナは、精神疾患を治す聖女として崇《あが》められるようになってゆきました。

13世紀になると、ディンプナの聖人伝が書かれ、彼女の墓は治癒を願う病人と家族の巡礼地になります。14世紀には聖ディンプナ教会の建立が始まりました。祈りの儀式の最中に症状が悪化した巡礼者のために、15世紀には病人部屋も併設されるようになります。巡礼者の数がさらに増えて病人部屋が手狭になると、教会の近くの一般家庭でも巡礼者は受け入れられることになったのでした。[3]

ところがやがて、儀式が終わっても帰らない人や、病人を置き去りにする家族が出てくるようになります。こうなると受け入れ先を増やすほかなく、17世紀には教会から離れた家庭でも受け入れが始まります。すると周辺の町は、自分たちが抱えている貧しい精神障害者たちを、次々にゲールに送るようになったのでした。

18世紀末、この地は革命期のフランスに支配され、教会は弾圧されます。こうして聖職者が先頭に立った受け入れは終わりを迎えるのですが、近隣の町は依然として患者をゲールに送り続けたのでした。

ゲールの評判

19世紀になると、ゲールの噂はフランスでも広まるようになります。１８２１年には、精神医学の父フィリップ・ピネルの弟子で、自身も有名な精神科医であるジャン＝エティエンヌ＝ドミニク・エスキロルが視察に訪れました。ベルギー独立後の１８４２年にも、大麻の研究で知られるフランスのジャック＝ジョセフ・モロー・ド・トゥールがゲールを訪れています。

１８５１年、ゲールは「精神疾患の家庭療法のための国立コロニー」と名づけられ、受け入れ家庭の衛生状態や生活状況がチェックされるようになりました。すると見学者の数はさらに増えます。フランスのジャーナリストであるジュール・デュヴァルは、「精神障害者たちが、自分たちの扱い方に慣れていて、自分たちに対してなんら恐怖も不信も抱いていない人たちに囲まれて、共同体を作り、ほとんど自由に生きているのは世界でもここだけだ」[4]と感心しています。

もちろん、フランスでも病院のまわりに農場を作り、患者を働かせようという試みはありました。たとえば、クレルモン病院付属のフィッツ＝ジャム農場コロニーです。ただ、フィッツ＝ジャムの患者は、患者以外の人々と接触することはありませんでした。ゲールのやり方は、何世紀もの歴史があるからこそ成り立つものでした。院長をトップに患者を監視する精神病院が男性的であるとすれば、女性への信仰にもとづき壁すらないゲールは女性的だという、根本的な違いを指摘する研究者もいます。

ゲールに半年間滞在したモラヴィアの医学博士ムンディは、この制度を世界的に広めようと、１８６７年のパリ万博の際に家庭看護のモデルハウスを出品しました。１８９９年以降は日本人もゲールを訪問し、精神科医の呉秀三はゲールと京都の岩倉地区を比較しています。11世紀に後三条天皇の娘が大雲寺の井戸水のおかげで治癒したことから、岩倉地区には患者が集まり、宿に宿泊していたからです。

現在、ゲールは地域の精神病院とともに、精神療養公共施設 OPZ Geel と呼ばれています。ただ、精神科治療の進歩や生活スタイルの変化から、家庭看護を受ける患者数は減少傾向にあるようです。

ド・グレーフの最初の論文

そんなゲールでは、１８７４年、成人に加えて子どもたちも受け入れられるようになります。その数は増え続け、１９２２年には、軽～重度知的障害を抱えた子どもたちのための学校が作られました。ド・グレーフが勤務していた１９２４年から１９２６年までの間には、平均して男児56人、女児５人がここに通っています。[5]

ゲールに赴任する前、ド・グレーフは故郷の３歳年下の女性と結婚し、モールドの教会で式を挙げました。そして２ヶ月後、ゲールでの新生活を開始したのでした。

それまでド・グレーフは、指導教授ドランデとの共著論文しか書いたことがありませんでした。その内容が知的障害児のケアに関するものだったことも、ド・グレーフがゲールに送られた一因だったようです。しかし１９２５年、ド・グレーフは早くも単独で論文を発表します。内容は、ゲールとその学校に関するものでした。以下、その論文をもとに、ド・グレ

図表1‐9　泣きべそをかく子ども

出典）De Greef (1925). ド・グレーフ撮影。

ーフが接したゲールの子どもたちのようすを見てみましょう。

19世紀にフランスからゲールを訪れたジャーナリストのデュヴァルは、町の人々が精神障害者に慣れていて、安心して共生していることに驚嘆しました。論文のなかで、ド・グレーフもやはり同じことを重視しています。精神障害者の存在を、ゲールの人々は小さいころから当たり前のこととして認識しており、患者の不思議な行動や困った行動にも寛大だったのです。

とはいえ、それは何でも許してしまうということではありません。論文には、ある小さな子どもの写真が載せられています（図表1‐9）。母が餞別にくれたあのカメラで、ド・グレーフ自身が撮影したものです。

泣きべそをかいているこの子どもは、このときもう6歳になっていました。しかし、まだゲールに来たばかりであったため、おもちゃを叩いて大騒ぎし、走り回っては物を壊し、夜にはおねしょもしていたといいます。いくら注意しても理解できないので、受け入れ家族はおもちゃを取り上げました。あまりに走り回るときにはリードもつけました。すると、しばらくしてこの子は物を壊さなくなり、人に迷惑がかかりそうなことはしなくなったといいます。そればかりか、もう少ししたら小さい子どもたちの面倒も見させられるだろうし、農作業を教えることだってできるだろう、とド・グレーフは言っています。

　そうした農作業を教えるのが学校です。それは障害のある子どもたちが自分の力で稼げるようになり、安心して社会で生きてゆけるようにするためでした。つまり子どもたちは、自活できるようになり次第、学校も、養育者の家も、ゲールも出てゆくことになります。それまでゲールには、ベルギー中から精神障害者たちが送られてきていました。そのゲールから、知的障害のある子どもたちが、手に職をつけて羽ばたいてゆこうとしていたのです。

　それでも一緒に暮らすなかで、子どもと受け入れ家族の間には、感謝や親しみといった心の絆ができ上がっていました。そのため実際には、仕事を覚えた後も、また成人になった後も、ゲールに留め置かれることが多かったといいます。なかにはオランダ語での生活を通して、母語であるフランス語を忘れてしまった人もいたそうです。

図表1-10　罰を受けているアルヌー君
出典）De Greeff (1925). ド・グレーフ撮影。

罰を与えられた子

しつけのなかでは、罰を与えるのが効果的なときもありました。なぜなら人間は、ド・グレーフいわく、誰しも不快なものを避けようとしたり取り除こうとしたりするものであり、取り除けない場合にはその状況に適応しようとするからです。知的障害のある子どもも、同じ人間である以上、同じような反応を示すはずだとド・グレーフは考えました。

たとえば、自覚なしに騒いでいた先ほどの子どもと違って、いけないことだとわかっていながらする子どももいました。その一人がアルヌー君です（図表1‐10）。アルヌー君は農場型学校に通っていましたが、友だちの持ち物を盗むことで問題になっていました。そこでアルヌー君は、保健室のベッドから動いてはならず、食事も学校では水とパンだけという罰を受けることになったのです。ド・グレーフがカメラを持ってようすを見に行くと、アルヌー君は恥ずかしがりながら笑顔を向け、それがきっかけになって話をすることができました。

アルヌー君は、自分が罰を与えられているのは大人たちがいじわるだからだと考えていました。そんな彼にド・グレーフは、君は悪いことをしたから罰せられているんだよ、と言い聞かせました。この理屈はアルヌー君には難しかったようです。それでもこの罰は、体を動かすのが大好きで食べ盛りのアルヌー君には効果的でした。まわりの友だちが自由に動き回り、おいしそうなものを食べているなかで、水とパンだけでじっとしていた思い出は、この先何かしらの誘惑にさらされるたびに彼の脳裏によみがえることでしょう。

もちろん、罰金を科すという罰もありえました。けれども農作業の対価はまとまって入金される仕組みであったため、減額に気づくのは、本人も物を盗んだことなどすっかり忘れたころになります。これではよけい、大人たちが自分にいじわるをしているのだと思ってしまうことでしょう。ほかにも、休暇を取り上げるという方法もありました。しかし、これは本人というよりも、実家の人たちにさみしい思いをさせるだけです。

　こうしてド・グレーフ自身、罰とはどのようなものであるべきか、あらためて考えることになりました。罰は、「もうしません」と誓わせるためのものではなく、「もうしたくない」と思わせるものでなければならないのです。罰は本来、罰する側の都合ではなく、罰せられる側を意識したものであるべきなのです。そのためには、なぜこのような罰を与えられているのかを、罰せられる側が納得する必要があります。罰せられる側が、罰する側を恨むようなものであっては意味がないのです。

　ド・グレーフは確信しました。「罰するために罰を与えるというのは、もはや今日のわれわれにはそぐわない[6]」。さらに、「これこれのことをした者はこの罰に処する」ではなく、「これこれのことをした、このようなあなたには、この罰を与える」といったふうに、ときとして罰は個別に適用するのが効果的なのではないかとも思ったのでした。

軽犯罪を犯してしまった子

　こうした重度の知的障害がある子どもたちは、小さいうちに、いわば手つかずの状態でゲールにやって来ていました。障害があまりに重いと、親は子どもを恥ずかしいものと感じてしまい、早々に手放す傾向があったからです。

　しかし、そこまで深刻でない場合、子どもは勉強についていけない程度なので、親も周囲も障害になかなか気づきません。それでも子ども自身にとって、同じ年の友だちにできることが自分にできないと悟るのはつらいことです。自分が劣っていることを示すエビデンスを前に、子どもも大人と同じように、気づき、認めることを無意識に拒否します。そのため、劣等感を覚えるというよりも劣等感に対抗しようと、子どもは空威張りをしたり、意固地になったりしてしまうのです。

図表1-11　おつかい帰りのフレデリック君

出典）De Greef (1925). ド・グレーフ撮影。

　こうして障害に気づいてもらえない子どもたちは、不安や傷つきやすさと同時に、頑固さと攻撃性を持つようになります。ゲールに来る軽〜中度知的障害の子どもたちのじつに75%が裁判所から送られてきていたのはそのためだ、とド・グレーフは言います。

すでに警察のお世話になっている子どもの受け入れは、決して簡単なものではありません。それでも少しずつ、養育者と子どもの間には情が生まれてきます。子どものほうでも、家族の一員として誇ってもらえるような、新しい自分の姿を見せたくなってくるのです。

写真の子ども、フレデリック君もそうでした（図表1‐11）。ド・グレーフがカメラを向けたとき、フレデリック君はおつかいを任された帰りでした。写真では見づらいですが、その手には花が握られています。おうちの人にあげようと、帰り道に1本1本摘んでいたのです。ド・グレーフはこう書いています。

> 買い物のために100フランを預けてもらうことで、この子はみんなに、自分に金を預けても怖くない、信じてくれて大丈夫なんだと示すことができる。このことがかつての小さな泥棒にとってどれだけ重要であるか、何となくでもいいからわかるという人はいるだろうか。[7]

窃盗でつかまった自分に、なんのためらいもなく金を渡して買い物を頼んでくれたとき、いったいどれほどの喜びと誇らしさをその子どもは感じることでしょうか。

「お母さん」を見つけて

ド・グレーフの論文は、ある婦人が見学に来たときのエピソードで締めくくられています。受け入れ家庭の一つをのぞきこんで、この婦人は言いました。

「まあ、なんてきたない子！」

そして、ド・グレーフのほうを振り返って言ったのでした。

「ほかのどんな施設でも、こんなことはありませんでしたよ」

婦人の視線の先にいた子どもは6歳で、重度の知的障害がありました。もしかしたら最初の写真の、あの泣きべその暴れん坊かもしれません。婦人が来たとき、その子は顔じゅうにジャムをつけて、受け入れ家庭の子どもたちと裸足で走りまわっていました。

> この婦人にはわからなかったのだ。この子にとってはこれが幸せなのだろうということが。この子には未来も、食い扶持も約束されているのだということが。見られていることに気づいたこの子が、おうちの人のエプロンの中にさっと隠れたことが。この、おねしょはするし、起きているときだっておもらしをしてしまう、ほかのどんな施設でも

嫌がられたこの子が、お母さんを見つけたということが[8]。

論文の反響

ド・グレーフの論文は、ゲールの知的障害の子どもたちへの温かいまなざしと、深い洞察とに満ちたものでした。しかし、それは感動ではなく反発をもって迎えられました。ゲールの一般的なイメージと、あまりに大きくかけ離れていたからです。

伝説の町の住人たちは、聖女の信仰にあつく、奉仕の精神にあふれた無私無欲の存在として、畏敬《いけい》の念すら抱かれていました。ところがド・グレーフが示したのは、どこにでもいる現実の農民たちの姿だったのです。まわりに目を光らせるねたみ屋で、お隣が比較的いい子どもを受け入れると悪口を言い、ひどいときにはその子どもをいじめて出て行かせようとする。子どもたちが成人した後も家に置いているのは、もちろん心が通いあったからというのはあるけれども、働き始めれば家賃を入れてくれるからでもある、というのです。

とくにド・グレーフの論文の以下の一節は、冒頭で目立っていたこともあって、関係者の間で物議を醸したことでしょう。

> なぜ誰も、心で思っていることを言おうとしないのか。なぜ、ゲールがうまくいっているのはすべて受け入れ家族の奉仕の精神と無欲のおかげだなどと言うのか。実際に来たことがあるのなら、そのようなことは感じられなかったはずだ。受け入れ家族の側にも利益があるのだ。このことを伝えておかないと、預けようと思う人が二の足を踏んでしまうし、この論文の理解のさまたげにもなってしまう。[9]

ド・グレーフが言おうとしていたのは、こういうことなのでしょう。ゲールは徳の高い人々が住む特別な町などではない。住人たちは、誰もがそうであるように、嫉妬もすれば損得も考えている。そんな住人たちが、障害のある子どもや患者と共に生活しているということこそが重要なのだ。子どもを預けることは、他人の優しさにつけこむことではなく、むしろここに預けられたほうが子どもにとっても住人たちにとってもありがたいことなのだ、と。

けれども、当時はド・グレーフの論文の主旨を理解できない人がほとんどでした。論文の発表から3ヶ月後、法務省の慈善事業局の局長からド・グレーフに次のような手紙が届きます。

一昨日ドランデ教授とも話し合ったのですが、あなたにとって初めての論文だったのですから、誰か経験があって助言してくれるような人に見てもらったほうが賢明だったのではないでしょうか。[10]

同じ年、モールドに住む母が亡くなりました。もともと心臓が弱かったのに、一日中働いて家計をやりくりしていたからでした。村を出るときにもらったカメラは、形見になってしまいました。

1-3　ロヴァンジュール精神病院での孤立

ふたたびルーヴァンへ

ルーヴァンでは18世紀以降、スール・ノワール修道会が、知的障害のある女性たちを世話していました。その後、ルーヴァン大学が街の数km東にある広大な土地を名門ロヴァンジュール家から譲り受けると、１９２４年、シャリテ修道会がそこに大学付属の女性用精神病院

図表 1-12　ロヴァンジュール精神病院

現在は集合住宅となっている。

を開設します。患者はここに住み、ケアを受けることになりました。これがロヴァンジュール（サルヴェ・マーテル）精神病院の始まりです[11]（図表1－12）。

　ロヴァンジュール精神病院の話を聞くやいなや、ド・グレーフは医長となるドランデ教授の補佐に志願します。ゲールに派遣されてまだ1年ほどしか経っていませんでした。このことを知ったゲールの病院長は、法務省に対し、ド・グレーフはまだ期待されていたような成果を上げていないと指摘しました。それに、こんなにも早く医者が異動するのは受け入れ家族にとって困ることだし、ゲールの評判だって傷つきかねないと苦情も述べています。

なぜこんなにも早い段階でド・グレーフは異動を望んだのでしょうか。論文のせいで、住人やほかの医者との関係が悪化したのでしょうか。それとも、一人で論文を発表したことで生じた、ドランデ教授とのわだかまりを解かなければと焦ったのでしょうか。

いずれにせよ1926年、ド・グレーフの異動願いは認められ、彼はロヴァンジュール精神病院の医者に任命されます。町の医者から大病院の先生となったド・グレーフの給料は上がり、住まいとしては修道会の持つ家があてがわれました。私生活でも、母の死後ほどなく生まれた長女に加え、次女も誕生し、しばらく後には長男も生まれることになります。

公私共に幸せな日々の幕開けとなるはずでした。

研究者としての注目と確執

ルーヴァンに戻ってからも、ド・グレーフはやはり単独で論文の発表を続けました。それらに見られるのが、内側からのアプローチです。

それまで精神科では、ド・グレーフいわく外側からのアプローチが行なわれてきました。外側からのアプローチとは、患者を前にしたときに、何らかの質問やテストに頼る方法を指します。そのこと自体は問題ないのですが、質問やテストの結果が平均を下回っていた場合、患者はそれだけで障害があると診断されてしまっていました。

ド・グレーフからすれば、質問やテストで終わらせてしまうというのは、患者を理解するのに十分ではありませんでした。そもそも人間の心の動きを、平均値からの距離で測ろうとすることが間違っているようにも思えたのです。

そこで、ド・グレーフは障害の有無を診断するというよりも、患者の目線に立ち、患者が抱える問題を内側から理解する医者を目指しました。たとえばゲールにいたとき、患者の一人が受け入れ家族のもとから飛び出してしまったことがありました。患者は無事見つかりましたが、聞けば、徒歩で何日もかかるはずの実家にふらりと行こうとしたというのです。このように患者たちは先のことを考えず、ときに無鉄砲なふるまいをします。それは障害があるからというよりも、時間の捉え方が異なるからではないかとド・グレーフは考えたのです。

このことを示したド・グレーフの１９２７年の論文は、隣国フランスで高く評価されました。フランスの精神科医ピエール・ジャネが１９２７年から１９２８年にかけて行なったコレージュ・ド・フランスの講義は、このド・グレーフの論文に影響を受けたものと言われています。事実、ド・グレーフの観察方法は、患者の陳述や行動を先入観なしに記すというジャネの万年筆法に近いものでした[12]。同じくフランスの精神科医ウジェーヌ・ミンコフスキーもド・グレーフの論文を参照し、彼のことを「精神医学のパイオニア」と呼ぶようになりました。

一方で、ルーヴァンでは少しずつ、ド・グレーフと病院、さらには医長のドランデの方針が合わなくなってゆきました。当時ロヴァンジュール精神病院では、患者が払っている金額で待遇が異なり、一部の患者はお湯さえ使わせてもらえませんでした。こうしたなか、ド・グレーフは、病院のインフラはすべての患者のためにあるべきだと主張します。その要求が、修道女たちとドランデ医長を不快にさせたのです。1932年、代表の修道女が、ド・グレーフについての苦情をルーヴァン大学の学長に訴えました。説明を求めた学長にド・グレーフは、実はドランデ医長ともうまくいっていないことを明かしています。

家庭生活でも、子どもたちとの仲は良かったものの、妻との折り合いが悪くなってゆきました。妻は浪費癖があって、夫の稼ぎが悪いとしょっちゅう文句を言っていたようなのです。さらには夫が浮気しているのではないかと疑い、その都度潔白の証を求めてきたといいます。

1932年冬、そんなド・グレーフに追い討ちをかける出来事が起こります。ボーランの聖母ご出現をめぐる論争です。

図表1-13　ボーラン駅からの眺め

１-４　ボーランの聖母

ボーランの5人の子どもたち

首都ブリュッセルから急行列車で１時間、そこからさらにローカル線で１時間ほど揺られたところにボーランはあります。すぐそこがフランスとの国境であるここは、のどかな田園風景のなかにぽつんとたたずむ、ごくありふれたベルギーの田舎町です（図表１-13）。町といってもそれは１９７７年にまわりの村と合併したためであって、１９３０年代前半、ボーランは人口２０００人足らずの村でした。珍しいことといったら、この時代に女性が村長を務めていたことぐらいでした。

駅を出て線路沿いを１㎞ほどゆくと、線路は修

図表 1-14　修道院の庭にあったルルドの洞窟の模型

出典）Gilberte Degeimbre, Le dernier coup de sonnette. Mes souvenirs, Namur/Paris, Éditions jésuites, 2018, p. 67.

図表 1-15　修道院の入り口

出典）Degeimbre（2018）p. 67.

道院の敷地内を縦断します。線路の土手の下には、ルルドの洞窟（フランスの巡礼地。19世紀半ばに聖母が現れた）の模型が作られていて、聖母と、聖母を目撃した14歳の少女ベルナデットの像が置かれていました（図表1‐14）。この修道院では20人ほどの修道女が生活し、修道院の付属小学校には、村の女の子の多くが通っていました（図表1‐15）。

９歳の少女ジルベルト・ドジャンブルがこの村に引っ越してきたのは、１９３２年５月のことでした。それまでドジャンブル家は、村から離れた農地に住んでいました。しかし、父が病気で亡くなり、そこを追い出されてしまったのです。こうしてジルベルトは、母と２人の姉とともに、ボーランで借家住まいを始めたのでした。競売を逃れた何匹かの家畜を連れて、女性ばかり、荷車での引越しでした。

夏休み、そんなジルベルトに、一人の女の子が声をかけてきました。

「お名前、なんていうの？」

「ジルベルト」

「まあ！　私もジルベルトっていうのよ！」

ボーランでできた同じ名前のこの友達、ジルベルト・ヴォワザンは４歳年上の13歳で、同じように修道院の付属学校に通っていました。ただ半寄宿生であったため、毎日18時半まで修道院に残っていました。母は店を経営しており、迎えにくるのは駅勤めの父でした。父が抜けられないときには、姉のフェルナンド（15）と弟のアルベール（11）が代わりに来てくれていました。

ドジャンブル家は、ヴォワザン家から修道院への通り道にあります。ジルベルト・ヴォワザンは言いました。

「よければ今度一緒に迎えにきてよ」

こうしてジルベルト・ドジャンブルと姉のアンドレ（14）は、ヴォワザン家の３人姉弟と親しくなったのでした。ドジャンブル家にはもう一人、長女のジャンヌがいましたが、もう18歳で、妹たちに友達ができたのを嬉しく思いはしたものの、仲間に加わる年齢ではありませんでした。

５人の子どもたちのうち唯一の男の子、ヴォワザン家のアルベールはやんちゃな少年で、ドジャンブル家の姉妹にいたずらを教えました。通り道にある店の扉を押して、客が来たことを知らせるベルを鳴らし、店主が出てくる前に逃げるのです。不思議に思った店主があたりをきょろきょろと見回すのをこっそり見ておもしろがるという、いわゆるピンポンダッシュのようないたずらでした。修道院に着いたとき、誰より早く走って行って真っ先に呼び鈴を鳴らすのもアルベールでした。

「聖母」の目撃

　秋も終わり冬が始まると、すっかり日は短くなって、18時半にはあたりは真っ暗でした。11月29日、その日もいつものように子どもたちは店の扉を押してベルを鳴らし、修道院へと駆けてゆきました。そして修道院に着くと、やはりアルベールが呼び鈴を鳴らしました。満足そうに振り返った彼でしたが、その視線は鉄橋の上で止まってしまいました。

　後からやってきた女の子たちに彼は言いました。

「見て、白い服の人が洞窟の上、空を歩いてる！」

「だまりなさいよ、ばか。丘から来る車のライトでしょ」

　アルベールの姉は弟を叱りました。しかし、アルベールの視線の先を追った子どもたちは、皆不思議な光景を目にしました。修道女につきそわれて出てきたジルベルト・ヴォワザンも、宙を見て固まってしまいました。アルベールは「きっと洞窟の像が動いたんだ」と言いました。しかし、修道女には何も見えていなかったのでしょう。「洞窟の像が動くわけないでしょう」と追い返されてしまったのでした。

修道院を出た子どもたちは、その何かが追いかけてくるのではないかと思って、全速力で逃げました。ジルベルト・ドジャンブルは、履いていたブーツが脱げて転んでしまい、ほかの女の子たちに助け起こされます。こわごわ振り向くと、その何かは追いかけてくるのではなく、橋の上で動かずにいました。

翌日、やはりその何かは、鉄橋の上あたりを歩いていました。息を切らせてドジャンブル家にたどり着いた子どもたちがこのことを話すと、アンドレとジルベルトの母は言いました。

「明日は私も一緒に行くよ。こんなこと2日も続けて、もう十分でしょ。ほら、あんたたちも家にお帰り」

相次ぐご出現

こうして12月1日、ヴォワザン家の両親とドジャンブル家の母、それにドジャンブル家の長女ジャンヌを含めた大人6人が子どもたちについてゆきました。ドジャンブル家の母は、気丈にも家畜を追い立てるのに使う大きな棒を持ってゆきました。そして修道院の庭に着くと、あやしいものがないかどうか、棒で植え込みを探ったのでした。その何か——子どもたちは次第に「あの女の人」と呼ぶようになっていました——はいままでと同じところにいましたが、大人たちには何も見えていないようでした。

家に帰ると、大人たちは1時間以上かけて話し合いました。そして21時ごろ、ふたたび修道院の庭を調べに行くことにしました。このとき、「あの女の人」は空ではなくサンザシの木の下に現れました。子どもたちが一点に釘づけになっているのを見て、ドジャンブル家の母は棒をかまえて茂みに近づきました。アンドレは叫びました。

「ママ、それ以上行っちゃダメ、かぶさっちゃう！」

事情を知った修道院長は、子どもたちが入れないよう柵に鍵をかけて、庭に犬たちを放つことにします。しかし子どもたちも家族も、もう一度確認したいという気持ちに抗うことはできませんでした。皆で現場に向かうと、「あの女の人」は子どもたちの前に現れました。犬たちは吠えず、子どもたちは、まるで見えない力にそうさせられたかのように、一斉にガクッとひざまずきました。膝が敷石にぶつかって、女の子たちの履いていた毛のタイツは破れてしまいました。それでも不思議と皮膚は傷つかなかったのです。[13]

大人たちに勧められて、アルベールはその女の人に声をかけました。

「あなたは無垢の聖母ですか？」

女性は「はい」というように頭を動かしました。

「ぼくたちに何をしてほしいんですか?」

アルベールがそう聞くと、しばらくしてアンドレが答えました。

「はい、私たち、ずっとそうであるようにします」

どうやら聖母は「ずっとおりこうでいること」と伝えたようです。

ボーランの噂

別の日には、目の不自由なドジャンブル家の叔父と、同じ村に住む麻痺のある男の子も同伴しました。アルベールは「この人たちを治してくれますか?」「次はいつ来ればいいですか?」と、１９１７年にポルトガルのファティマで子どもたちが聖母にしたのと同じ質問を立て続けにしました。聖母は「無垢の受胎の祝日（12月8日）に」と答えたといいます。聖母がまだそこにいたのでフェルナンドが「礼拝堂を建てたほうがいいですか?」と聞くと、聖母は「ええ」と言って去ったということでした。


噂は村中に広まりました。ヴォワザン家の親たちは、子どもたちを疑いませんでした。しかし、ドジャンブル家の母は、娘たちが嘘をついているのだと思ってかんかんに怒りました。

「こんな茶番を演じられるくらいなら、あんたたちが死んでくれたほうがまだマシだったわ。

図表1-16　ドジャンブル家に押し寄せる人々
出典）Degeimbre（2018）p. 86.

村中の恥、もう嫌になる」。子どもたちを一目見ようと、人々が朝の6時からやってきてドジャンブルの家に上がり、部屋や階段を埋め尽くしたのだからなおさらです（図表1-16）。ジルベルトとアンドレは、ろくに食事も取れませんでした。野次馬にちらかされた家は、長女のジャンヌが片付けなければなりませんでした。

精神医学の介入

やがて村と近隣の医者たちが調査にやってきます。聖母が現れた場所での医学的調査は、19世紀、ルルドのころから行なわれていました。しかし、それはあくまで聖母が病を治したかどうかの調査でした。それに対して19

３０年代の医学は、神秘体験と精神疾患とを区別することを重視していました。そのため医者たちは、聖母の奇跡ではなく、子どもたちが本当に幻視をしているのかどうかを確かめようとしたのです。

　医者たちは実験と称して、子どもたちの目に至近距離からライトを当てたり、手や頰《ほほ》をポケットナイフでつついたりしました。マッチで手をあぶられた子もいたし、腕やふくらはぎ、お尻までつねられた子もいました。いずれも、痛がったり避けたりするようすを見せれば、幻視状態にはないと判断されます。

　子どもたちに対するこうした危険な実験を、同じく調査に当たっていた村の医者は止めようとしました。「自分たちが何をしているのか考えてください、親もいるんですよ、無茶しないでください」。ほかの医者たちも、「子どもたちを殺す気か。いまは20世紀だぞ」と声を上げました。ところが5人の子どもたちには、傷もつかずやけども起こらなかったのです。医者の一人はジルベルト・ドジャンブルの手を見て、腹いせのようにこう言いました。「こんな汚い手をした子どもの前に聖母が現れるはずはない」。たしかにジルベルトはしばらくのあいだ、体を洗っていませんでした。騒ぎを起こした次女と末娘の面倒を、母はもう見てくれなかったからです。

医者たちは次から次へとボーランに押し寄せました。そして子どもたちが口裏を合わせないようにと5人を離れ離れにし、それぞれに、多いときには200人が質問を投げかけたのです。子どもたちの言っていることに少しでも矛盾が見られれば、すべては狂言ということになるからでした。「ほかの子たちは何も言わなかった。今度こそこの子の作り話だ」と結論する医者もいましたし、「帰り際にあの女の人は振り返ったんじゃなかったの？　違うの？　お姉さんはそう言ってたよ、きれいな髪が見えたって」と、カマをかける医者もいました。そのうち神学者たちもやってきて、やはり何か矛盾したことを言うのを待っているかのように、子どもたちに複雑な質問を繰り返したのでした。

アンドレには、軽い聴覚障害がありました。その影響で、勉強についてゆくのもやっとで、大人たちからあまり信用されていませんでした。きっと医者たちからひどいことを言われたのでしょう。ジルベルトは姉が家畜に身をすり寄せて泣いているのを見ました。

最後のご出現

新聞を読んで、ボーランには国内だけでなく近隣諸国からも人々が押し寄せるようになりました。立ち会った人々によれば、ご出現の直前には必ず、木々の枝が暖かい風にふわりとなびいたといいます。真冬のベルギーでは、まずありえないことでした。

　クリスマス・イヴの日、13歳のジルベルトは「聖母様ならきっと何かを起こしてくれますよね」とたずねました。しかし返事はありませんでした。年末、聖母は「もうすぐ最後の出現になるでしょう」と言います。フェルナンドは聖母の去り際に、10㎝ほどの、光り輝く黄金のハートを目撃しました。翌日にはほかの子どもたちもハートを見ました。どの子どもに聞いても同じ形で、同じ大きさで、光り方も一緒でした。

　1月3日、最後のご出現となったこの日には、2万5000もの人々が立ち会っていました。別れ際、聖母は子どもたち一人一人にメッセージを伝えました。このメッセージを、ジルベルト・ドジャンブルは心のうちに秘めておくことにしました。アルベールも同様に、聖母から伝えられた言葉を明かしませんでした。

　一方、アンドレに聖母はこう告げたといいます。

「私は神の母、天の女王。いつも祈るのです。さようなら」

　もうひとりのジルベルトにはこう伝えたそうです。

「私は罪ある人々を改心させましょう。さようなら」

　そして、一番年上のフェルナンドには、こう語りかけたといいます。

「あなたは私の息子イエスを愛していますね」

「はい」

「私を愛していますね」

「はい」

「ならば私のために身をささげなさい」

村の医者はこのように書いています。


　この光景を私は一生記憶に残すだろう。かわいらしい浅黒の少女が、白いショールにくるまって、両手をあわせ、大きな瞳を見開いて、体全体を前にかたむけて、心の底から発せられた2回の「はい」、そしてくずれおち、すすり泣く光景を。[14]

　そして聖母は消えました。聖母の言った「さようなら」は、「また会いましょう（Au revoir)」ではなく、「永遠に（Adieu)」のほうでした。それでもきっとまた会えるだろうと、子どもたちは思いました。けれども1日経っても1週間経っても、聖母は現れませんでした。この世ではもう会えないのだと、子どもたちは理解しました。

1-5　ド・グレーフの調査

子どもたちの姿

精神科医であり、ゲールでは子どもたちのケアにあたっていたド・グレーフも、やはりボーランで調査することにしました。12月11日、ド・グレーフは同じく医者をしている友人とともにボーランを訪れ、その後いったんルーヴァンに戻った後、15日から17日にかけて村に滞在し、子どもたちはもちろん、子どもたちの家族や村の人々からも話を聞きました。カメラを持参し、子どもたちや現場周辺の写真を撮ったことは言うまでもありません。とくに17日にはご出現に立ち会い、子どもたちの行動をつぶさに観察することができました。

このときド・グレーフが取った「ボーランの出来事に関するノート」を見ると、ところどころページが真ん中で分けられています。左側には新聞報道や村の医者による報告が、右側にはド・グレーフ自身の観察結果が記されているのです。一目見ただけで、左側に比べて右側の分量が圧倒的に多いことに気づきます。たとえば5人の子どもたちのなかの唯一の男の子アルベール・ヴォワザンについて、ド・グレーフはこのように書いています。

　母親によれば成績は一番（本人の前で）。教師によれば中くらい。勉強ができないからではなく病気のせいで、1年遅れて中学校準備学級に進むことになり、仲間たちはさみしがったという。動き回るわけでもないし、教師からしたら模範的な生徒。嘘もつかず、いたずらもせず、悪いこともしない。手間をかけさせられるようなことは一度もないという。だが実際には、他人の家の呼び鈴を鳴らして逃げたり、ポストにいたずらをしたりして遊んでいる。まわりを怖がらせるのが好きで、その点でドジャンブル家の次女アンドレと気が合っている。子どもたちが言うには11月29日（最初のご出現の日）にもみんなを怖がらせたという。活発だと思われることが嬉しいらしい。[15]

また、5人のうちで一番年下の子ども、ジルベルト・ドジャンブルについてはこのように書かれています。

　利発で、第一印象はいい。まわりが言うには、天才ではないけれども頭はいい。実際のところ、成績は一番ではないがビリでもない。ただ記憶力がいい。優しいし、じっとしているいい生徒である。12月17日に修道院で会ったとき、ジルベルトは、聖母にいい子でいると約束した手前、修道院長たちに向かって断言した。「私はよその家の呼び鈴を鳴らして逃げたことなど、いままで一度も、一度たりとも、ずっと昔に一度だけしかありません」。だがそれから5分とたたないうちに、われわれの前で彼女は誇らしげに言って笑った。「ほんとはアルベールと同じくらいうまく鳴らして逃げたんだから」。そして、これまで何度も鳴らしてきたし、11月29日にも鳴らしたことを白状した[16]。

ド・グレーフはこのように、ときに聖母と関係のないような事柄についてまで、子どもたちと交流して整理してゆきました。ここにはド・グレーフが病院で実践していた、あの内側からのアプローチの経験が活かされていると言えるでしょう。こうして描き出された子どもたちが、聖母を見た特殊な子どもたちというよりは、ときにいたずらをし、ときに反抗的な、この年頃のふつうの子どもたちであったこともわかるでしょう。

ある疑念

それにもかかわらず、大人たちがあまりに大騒ぎをし、子どもたちが一気に注目の的となってしまったことが、ド・グレーフは気になっていました。

彼の脳裏には、フランスの心理学者アルフレッド・ビネの被暗示性に関する研究が浮かんでいました。ビネによれば、証人に対する質問は3種類に分けられるといいます。一つは、何かしらの写真や絵を提示して「このなかに何が見えますか?」と聞くような、暗示はせず、ただ記憶を問うタイプの質問です。この場合、8割の人が本当に見たものを答えるといいます。もう一つは「(ほんとうは犬はいないのに) このなかに小さい犬はいますか?」と聞くような、中程度の暗示を伴う質問です。この場合、犬がいると答える人は4割程度いるといいます。残る一つは、「子犬はどこにいますか?」といったふうに、強く暗示するタイプの質問です。こうなると、犬の居場所を答える人は6割にまでのぼるといいます。しかもビネによれば、もっとも被暗示性が強いのは7歳から10歳、つまり子どもだというのです。

5人の子どもたちは皆、ファティマの聖母のお話を読んでいました。ルルドの聖母に至っては、知っているどころか修道院の洞窟で毎日のようにその像を目にしていました。もちろん、これらのことから「聖母に選ばれたのはやはり信心深い子どもだった」と結論することはできるかもしれません。しかし、ド・グレーフが話しかけた村の病気の男の子（5人のなかには含まれない）もまた、聖母を見たと言って、「こんなお姿だったよ」とルルドの聖母によく似た聖母を描いてくれたのです。

ほかにも、ボーランのある婦人が聖職者に打ち明けたところによると、ヴォワザン家の子どもたちは、以前からよくジャンヌ・ダルクごっこをしていたといいます。ジャンヌ・ダルクは、天使や殉教者の姿を幻視し、神の声を聞いた少女です。婦人の姪っ子はこのジャンヌ・ダルクごっこの仲間でしたが、うまく涙を流すことができなくて、「泣くの！　ほら泣いて！」とヴォワザン家の子どもたちに怒られてばかりだったといいます。

つまり、ほかの医者たちのように子どもたちを傷つける実験や子どもたちの矛盾を探す質問をするよりも、何らかの暗示が子どもたちに働いていなかったかを検証する必要があるのではないか、そうド・グレーフには思われたのでした。

「聖母」はどこにどう現れたのか

そこで、ド・グレーフはまず聖母が現れた現場と状況を整理することにしました（図表1-17）。

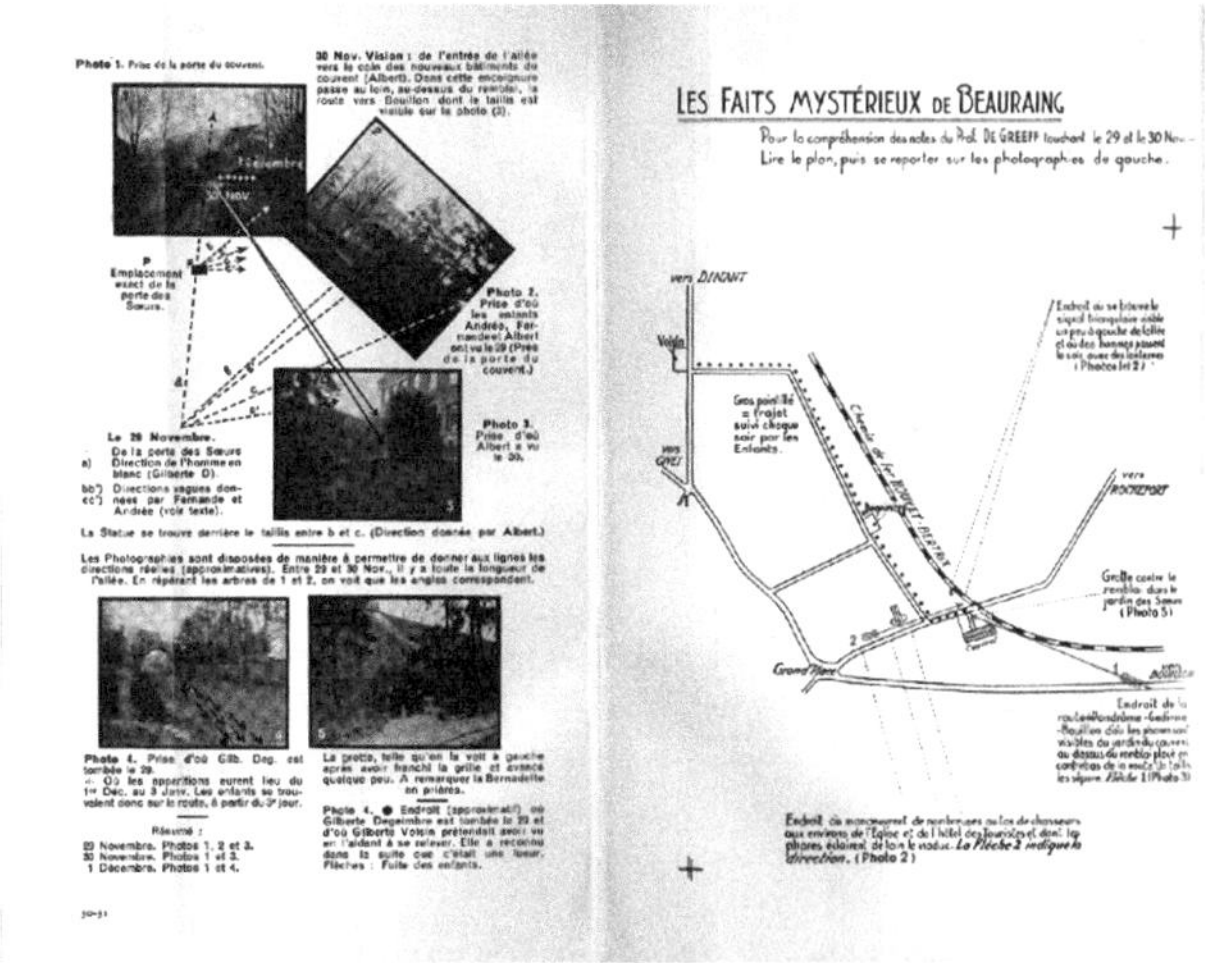

図表 1-17　ボーランの地図と現場周辺の写真

出典）De Greeff (1933). ド・グレーフ作成・撮影。

ド・グレーフが説明するところによると、修道院の敷地入り口にある柵のところでは、夜になると、修道院の左角にぼんやり光が見えるときがあります。それは幹線道路を進む車のライトであり、線路のほうへ進んでゆくようにも見えるといいます。

修道院の敷地に入り、ドアの前に着いたところで、それまで歩いて来た小《こ》径《みち》を振り返ると、右手にうっすらと洞窟の模型が見えます。洞窟の上には木々が生えており、車のライトに照らされると、線路の土手に動く影を作るといいます。

修道院のドアの前から今度は真後ろ

を向くと、暗いなかに何かが白っぽく浮かんで見えます。この白い何かは、噂を聞きつけて国内外からやって来た人々も目にし、なかには怖がったり叫び声を上げたりする人もいましたが、実際にはただの三角形の標識で、支柱が隠れてしまっているだけでした。

ド・グレーフの調査によると、最初のご出現の日である11月29日、子どもたちはそれぞれ見たものを「男の人」「白い服を着た人」「光」など、さまざまに表現していたといいます。そして、ドジャンブル家に着いたところで、ようやくアンドレが言ったのです。「私はね、あれは聖母だと思うの」。

子どもたちを取り巻く大人たち

ド・グレーフは、とくに子どもたちがその女の人に聖母かどうかたずねたときのことが気にかかっていました。このころ村では、子どもたちが何かを見たらしいということが噂になり、大人たちも、あれではないか、これではないかと口々に言うようになっていたからです。

聖母が聖母だと答えてくれたというのに、同じ質問を子どもたちがしつこく繰り返すこともありました。どうやらそれは自発的な質問ではなかったようです。その前日、村の婦人とアンドレがこのような話をしていたからです。

「で、例の質問は？」

「明日するつもりです」

アルベールと学校の先生との間ではこのようなやりとりもありました。

「どこでその女性を見たんだい？」

「柵の後ろがわ、柵より上のところ、枝の上です」

「いつも同じ女性？」

「はい」

「その人の服の色は？」

「白です」

「青いベルトをしてる？」

「はい、何かが青く輝いています」

「ロザリオは持ってる？」

「いいえ、持っていません」

そしてその夜、アルベールは聖母の腕にロザリオがかかっていると言ったのでした。

聖母が村に現れた理由をフェルナンドがたずねたのも、記者たちに頼まれてのことでした。

返事は「ここに巡礼に来てもらうためだに」であったといいます。フェルナンドはやがて、「いつも君ばかりが声を聞くんだね」とからかわれるようになります。

子どもたちのほうでも、大人たちの問いかけにうんざりしていました。記者のなかには、聖母はまつ毛が長いか、聖母が笑うと歯は見えるかといった質問をする者までいたからです。服装については何度も同じことを聞かれて、「もう言いましたけど！」といらつく子どももいました。

そんな子どもたちが、大人たちの質問に対し、考えてから答えていることに精神科医たちは気づき始めていました。まわりの音がうるさくて聖母の声が聞こえなかったという子もいましたが、物質的騒音は幻聴を妨げないはずなのに、といぶかしむ医者も出てきました。

ご出現への立ち会い

では、12月17日にド・グレーフがご出現に立ち会ったときはどうだったでしょうか。ド・グレーフの目に、子どもたちは聖母を静かに待つというよりも、何かを一生懸命探しているように映りました。

やがて一台の車が通りかかりました。ジルベルト・ドジャンブルは「あれじゃないよね？」

と問うかのように、隣にいた姉のアンドレを見ます。するとアンドレは、「あれは車でしょ。しっかり前を見ていなさい」とでも言うかのように、妹をひじでつついたのでした。しばらくしてアンドレはひざまずき、聖母の祈りをとなえます。するとほかの子どもたちも祈り出しました。

ところが途中、ジルベルト・ドジャンブルのようすがおかしくなります。ほかの子どもたちが終えた祈りを一人だけ続けたり、「はい」と繰り返し答えたり、ついには泣き出してしまったのです。そんな妹の背中を、アンドレは強く叩き、何か言おうとしました。妹は嫌がって、聞こうとしませんでした。

ド・グレーフが目にすることのできたのは、少なくとも子どもたちが幸せそうに祈るようすではなかったのでした。

1-6 ド・グレーフの解釈

青い本

調査を終えたド・グレーフは、早くも12月18日の段階で、聖母のご出現は超常現象ではなく、自然現象であるとする見解を示しました。そして年が明けると、「ボーランの出来事に関するノート」とともに、「ボーランの出来事の自然的解釈に向けて」と題する論文を発表したのでした。論文が掲載されたのは、カルメル会のペール・ブリュノ（別名ジャック・フロワサール）が創始した紀要『カルメル研究』でした。紀要の一部はその後『ボーランの神秘的な出来事』という題でパリで出版され、表紙の色から「青い本」と呼ばれることになります。

その論文で、ド・グレーフはまず自分の立場について次のように前置きしています。

医者の仕事とは、超自然現象を証明することでもなければ反論することでもない。こうした問題に際して、医者にはなんの能力もない。とはいえ、いくらその能力は二流だとしても、影響力は絶大である。ボーランで起こったような出来事については、多くの仮説が立つことは理解されるだろう。カトリックの一医者がこうした事柄にかかわるとき、目的は一つしかない。その出来事が自然現象として説明できるのか、できるとするならどのような自然現象なのかを探り、実際に観察して得られた全体像を、科学的な観点から明らかにするという目的である。[17]

信者としての立場と、医者としての立場。その板挟みになっていることをド・グレーフが最初に述べたのは、ほかでもありません。これから語る内容が、フランスとポルトガルに続いてベルギーでも聖母が現れたと沸き立つ人々を失望させてしまうものだからでした。

子どもの知性

たしかに、子どもが言うことを疑うべきではありません。けれどもド・グレーフは、ボーランでの調査の合間、村の7歳の子どもと遊んだときのことを振り返ります。その子は両手の拳をつきだして、「どっちの手にコインが入ってると思う？」という遊びをしかけてきました。ド・グレーフは「左かな？」と言います。はずれ、答えは右でした。子どもは大喜びで笑うと、拳をいったん後ろに隠してまたつきだし、ふたたび「どっちの手？」と聞いてきました。ド・グレーフは「右かな？」と答えました。当たりでした。3回目、ド・グレーフは左と答え、正解しました。

　さあそろそろ引っかけにかかってくるぞとド・グレーフは思いました。左、右、左と言ってきた大人が、まさかもう一度左と答えるとは思わず、子どもは左にコインを握るだろうとふんだのです。その通りでした。

　そこからはもう、どちらも真剣勝負でした。やがて子どもは、片方の手に目をやるようになります。そちらの手には、コインが握られていることもあったし、握られていないこともありました。心理学を勉強していない7歳の子どもにさえ、人間の心理を理解して活用することができるのだと、このときド・グレーフは実感したのでした。

　大人は、大人の証言は鵜呑《うの》みにしません。大人には知性があって、いつも本当のことを言うとは限らないと考えるからです。ですが子どもの証言となると、大人はいとも簡単に信じてしまいます。それは子どもを信じているからではなく、子どもの知性を過小評価しているからなのだとド・グレーフは言います。

無視された「生の証言」

では、ボーランの子どもたちの証言はどうでしょうか。

どの子が見ても聖母の姿が同じであったことは、ご出現の何よりの証拠だと考えられました。幻視とは客観的性質を持つものであると思われていたからです。しかし、科学的に言えば幻視とはきわめて個人的な現象でした。複数の人たちが同時に幻視体験をすることはあっても、同じものを見るわけではなく、見えるものはそれぞれの心の状態を反映したものになるはずだったのです。複数の人たちが共通の幻視体験をするというのは、まったく同じ問題に悩んでいたり、恐怖や期待から心の準備がなされていたりしない限りありえませんでした。つまり、聖母が現れたという現実は一つではなく、一人一人違う形をしていて当然だったのです。

それなのに、ロザリオが右の手にかけられていたか、左の手にかけられていたかで子どもたちの証言が分かれたとき、子どもたちを信じたいあまりに村の医者はこう記録してしまっていました。「ロザリオ、右の腕、服のひだに隠れて見えない者もあり」。幻視が主観的なものである以上、左右が子どもごとに違ったとしてもおかしなことではありません。子どもなら右のものを左と思ってしまうことだってあるでしょう。

完璧な客観性を求めるあまり、大人たちはほかにもさまざまな証言を隠してしまっていました。年末のご出現の際にも、もともとフェルナンドが伝えた言葉では「もうすぐ最後の出現です（C'est bientôt la dernière apparition）」と現在形が使われていたというのに、ある医者は、聖母がほんとうにフランス語を話せるのなら「もうすぐ最後の出現になるでしょう（Ce sera bientôt la dernière apparition）」と未来形で言ったはずだなどと指摘してしまっていたのです。

　こうして「生の証言」を拾わずにいると、証人はやがて出来事を解釈する方向性を見つけてしまうといいます。実際の経験に、まわりから与えられたデータと自身の創作とが混ざりあい、それらすべてを確信をもって証言してしまうのです。いわゆる証言の結晶化です。

　もちろん、子どもたちのことが噂になった段階で、最初の出来事からすでに数日が経っていました。最初の核となるような生の証言が得られなかったのも、しかたのないことでした。それでも、私見を混じえず入念に記録を取っていたならば、のちの証言と比較することはできたはずだとド・グレーフは言います。それにもかかわらず、医者も司祭も皆、証人の証言を守るどころか証人のなかに混ざってゆき、自分たちの仮説を加えてしまったのでした。

　たとえば、聖母は「無垢の聖母」を名乗ったといいますが、これは司祭がご出現の後で子どもたちに教えた、ルルドの聖母の名前と同じです。最後の日にジルベルト・ヴォワザンが聞いた「罪ある人々を改心させましょう」という言葉について言えば、別の司祭はこの子に、「聖母の前で罪ある人々のために祈っていますか」と何度も確認していたといいます。

何より、なぜボーランに現れたのかを聞かれたとき、聖母は「ここに巡礼に来てもらうために」と答えたといいますが、ボーランが巡礼地になるのかどうかは、村の大人たちの唯一と言ってもいい関心事でした。実際、早くも12月10日の段階で、ボーランの土地や建物を購入しようという人々が現れ始めていたのです。

科学的事実と宗教的人格のはざまで

これらのことから結論を引き出すにあたり、ド・グレーフはふたたび前置きをしています。

> カトリックの信者たちにとってきわめて重大なこの研究において、途中ではあるが私は一つ重要なことを述べておきたい。それは、ここでは私のなかの医者の部分だけが語っているのだということであり、私は、科学の秩序を守るために、私のなかの宗教的人格が語りかけてくるいかなる暗示も無視するということである。(…)一人の人間がこ

のように二つに分かれるということは、いったい心理学的に可能なことなのだろうか？　おそらく不可能であるし、できたとしても不完全なものになるだろう。涜神《とくしん》者となってしまうことへの恐れ、神の意志に反するのではないかという恐れから、私は、もし信者でなければ、もし宗教に関係のない研究であれば言えたであろうような、はっきりとしたことはきっと言えないだろう。[18]

　それだけに、医者でありながらいとも簡単にご出現を認め、子どもたちにも少なからず影響を与えてしまった村の医者に対し、ド・グレーフは怒りを隠せませんでした。ある日などこの医者は、「何も新しいことはありません」と追い返されかけていた同業者たちを、「いいえ、ありますよ」と引き止めました。そして、フェルナンドが出てくると、聖母のハートに関する新事実を発表したのです。[19] つまり、村の医者は公的聴取に先立って子どもたちと話をしたということになります。この医者のしたこと、しなかったことは、ボーランの村と子どもたちに「取り返しのつかない被害」を与えてしまったとド・グレーフは指摘しています。

　そして、ド・グレーフはこう続けたのでした。

「いまから、ボーランの出来事を作り出した心理プロセスを、ありのままに再現してみよう」[20]

子どもたちの心理プロセス

最初、アルベールが何か見えると言ったとき、フェルナンドはどうせ車のライトだろうと思っていました。ただ、怖くなった子どもたちは、これを超常現象と解釈してしまったのでしょう。子どもたちが何か見たと言い出すのも、ドジャンブル夫人のように大人がそれを信じないのも、いずれもよくある話です。

しかし3日目、ドジャンブル夫人の介入によって状況は変わります。それまでは子どもたちの証言だけが絶対だったのに、大人が関心を向けてしまったのです。子どもたちが言っていることは間違いなのではないか。何が子どもたちを間違わせているのか。子どもたちは想像と解釈にもとづいた自由な世界から抜け出さなければならなくなったのです。

本当のことを話せば怒られる。ド・グレーフによれば、子どもの嘘の半分は恐怖や不安によるものだといいます。一人の子どもが、ついでほかの子どもたちが、疑うドジャンブル夫人の前で、まるで聖母が見えているかのようにひざまずいたのはそのためだろう、とド・グレーフは考えました。しかも14歳のアンドレが言った「かぶさっちゃう」という言葉で、子どもたちには、具体的にどこに聖母がいるのかもわかったし、聖母が一箇所にとどまっていることもわかったのです。

子どもたちによる証言の結晶化に偽装が入りこんだのはこのときだ、とド・グレーフは言います。

> このときからご出現が終わるまで、子どもたちは囚われの身となった。自分たちを守るために、いや、もしかしたらほかの子たちには本当に見えているのだと信じたからかもしれないけれども、毎日、昼も夜もかけていろいろな情報を集めては、そのいわゆる幻視をふくらませたのだ。自分には何も見えていない、何も見えたことなどないと白状しないためだけに。[21]

たとえば、アルベールは聖母に望みを聞き、しばらくして「いい子でいます」と答えましたが、これでほかの子どもたちにも、聖母がいい子でいるようにと言っていることがわかりました。ただちにアンドレは「はい、私たちみんな、ずっとそうであるようにします」と答えていますが、2人がもともと、お話をつくってまわりを怖がらせる仲間であったことをド・グレーフは忘れていませんでした。

だとすれば、クリスマス・イヴに13歳のジルベルトがした「きっと何かを起こしてくれますよね」という質問は危ういものでした。誰の目にもわかるような奇跡が必要になってくるからです。それだけにこの子が、自分には見えなくてもそこに聖母がいると信じていたことがわかる、とド・グレーフは言っています。

もう少し年上の子どもたちは、大人たちの都合を意識していました。礼拝堂や巡礼といった話をしたのは、一番年上のフェルナンドでした。しかも、フェルナンドは自分たちが入りこんでしまった状況の難しさを理解していました。とくに、君ばかりが声を聞くんだねと揶《や》揄《ゆ》されたときは衝撃を受けたことでしょう。すでに確認したように、聞こえることが一人一人違ってもおかしくはありません。しかし、子どもたち（そして大部分の大人たち）にとっては、聖母はどの子どもにも同じことを言っている必要がありました。そこで、フェルナンドは翌日を最後のご出現にし、子どもたち一人一人に伝えましょうと聖母に言わせたのだろうと、ド・グレーフは推測したのです。

こうして最後のご出現の日、子どもたちは初めて、一人一人、自分のなかの創造物と自由に対話することができました。この日子どもたちが語った内容が、ロザリオやハートのように視覚的なものではなく、きわめて心的なものになったのはそのためでした。

ド・グレーフの結論

「これらのことについて、私はできるだけ考えないほうが良いのではないかと思う。いつかフェルナンドが自ら説明してくれるだろう」[22]。こうド・グレーフは言っています。そのうえで、子どもたちに罪はないことも強調しています。大人たちがそうであるように、子どもたちもただ弱かっただけなのです。

始まりはアルベールの言葉でした。いつものように女の子たちを怖がらせようとしたこのピンポンダッシュの常習犯は、まさかこんなことになるとは思いもしなかっただろうと、ド・グレーフは言います。

> 私にはまだあの修道女の声が聞こえるような気がする。16日の夕方、洞窟の前で、アルベールにかけていた言葉だ。「聖母は来なかったじゃありませんか。ちゃんと祈っていないからでしょう。おりこうではないのですね。来てもらえるように、できるだけのことをしていると言えますか？[23]」

17日のご出現の際に見た、９歳のジルベルトがすすり泣く姿も、ド・グレーフの胸を締めつけました。

私はあの子がかわいそうになって、ご出現の最後のほうはもうどうでもよくなってしまったほどだった。妹をだまらせようと姉があの子の背中にしたことを、私は決して忘れることはできないだろう……。あの子がもし私の知り合いだったら、その場から連れ去ってやりたかった、それほどまでにあの光景は耐えがたく、つらいものだった。[24]

そしてド・グレーフは論文をこのように締めくくったのでした。

私は聖母に祈りを捧げずにはいられなかった。もし私が間違っているのであればどうかお許しくださいと。私自身、ボーランの聖母に祈りを捧げずにはいられなかったということだ。[25]

1-7　ボーランの聖母の結末

バヌーの聖母

子どもたちは、本当に聖母を見たのでしょうか。聖母は本当にボーランに現れてくれたのでしょうか。子どもたちのためにも、ご出現を心の支えとする人々のためにも、そうであってほしいと願っています。ド・グレーフも、ボーランの聖母ご出現について、最終的には教会の判断に従うことにしました。

その教会ですが、管轄であったナミュールという町の司教は、最初のころ外国にいて不在でした。12月15日、帰国したナミュールの司教には事の次第が伝えられましたが、新聞各社の取材に対し、子どもたちの前に聖母が現れても不思議はないが、教会の介入を聖母が望んでいるかどうかは確かでないと述べるにとどめました。

ところがそれから2週間しないうちに、今度は別の司教区にあるバヌーで、またもや聖母が目撃されたのです。

バヌーは、ベルギー第5の都市リエージュからバスで1時間ほど行った先にある、きわめ

図表1-18　マリエットの家と聖母の現れた庭

て小さな村です。その村で、1933年1月15日から3月2日にかけて、11歳の少女マリエット・ベコが聖母と交流をしたのです。

　マリエットは貧しい一家の7人兄弟の長女で、父は仕事を失い、母は病弱でした。一家の信仰心はうすく、父は仕事が見つからない苛立ちから、居間にかけてあった十字架を新聞紙で覆い隠してしまうほどでした。マリエットもミサには出ず、宗教についてまったくの無知でした。ただ、ある日道端にロザリオが落ちているのに気づくと、これを拾い、大事に持ち帰って祈ったのでした。

　自宅の庭に光り輝く女性を見たのは、ボーランの聖母のための祈りがバヌーで行なわれていた夜のことでした（図表1-18）。もちろ

図表1-19　聖母が示した泉

ん、父も母も信じてはくれません。

　女性はやがて「貧しき者の聖母」と名乗ると、マリエットを家の外へ連れ出し、森の中にあった泉を示して言いました（図表1-19）。

「これはすべての国民のための泉です」

　マリエットがわからないようすでいると、聖母はやさしく言いかえてくれました。「病人を癒す泉です」。思わずマリエットは、拾ったロザリオを泉にひたします。そのようすを陰から見ていた父は、聖母のご出現を信じ、聖体拝領を受けることに決めたのでした。

　マリエットから聖母の話を聞かされた神父は、彼女がボーランの子どもたちと同じ目に遭うことを恐れ、誰にも言わないようにと注意しました。不信心者として知られるマリエットの父が改心したことで、聖母のご出現は村人たちも知るところとなりましたが、なにぶん小さな村であったことから、マリエットについてゆくのは数十人程度でしたし、村には医者もいなかったため、ボーランでのような調査は行なわれませんでした。

しかし、報告を受けたリエージュの司教が、土地の資材で小さな礼拝堂を作らせると状況は変わります。この村にもよそから人々がやってきて、子どもを治してくださいとか、サインをくださいと、マリエットに近づくようになったのです。その都度マリエットは、「それは私ではなく聖母がなさることです」とか「私はふつうの人と同じです」と答え、あまりにうるさいときには木に登ってしまい、降りてこようとしなかったのでした。

やがて父に仕事が見つかり、一家はバヌーを離れてゆきました。それでも村を訪れる人は後を絶たず、そのなかには貧しい人もいたため、村には宿泊所が用意され、病院も作られたのでした。

教会の出した結論

１９３３年10月、ベルギーの司教たちは、ボーランとバヌーの二つのご出現について委員会を設置することに決めました。そして、今後この問題について出版される本には検閲を行なうことにしました。ボーランのご出現の現場であるサンザシの木の下の聖母像も、亜鉛の

図表1-20　ボーランの聖母礼拝堂の入り口

ものから白い石造りのものに替えられることになりました。

１９４０年、85歳となったナミュールの司教はボーランを訪れると、サンザシのもとに集まった人々を前に「私個人としては、毎日ボーランの聖母の加護を祈っています」と打ち明け、その翌年に亡くなりました。１９４２年、リエージュの司教はバヌーの聖母に祈ることを司教区の人々に許可し、検邪聖省（現在の信仰教理省）は、ボーランについても最終決定の権利をナミュールの新司教に与えました。

こうして１９４３年、ボーランの聖母に祈ることが許可され、戦後しばらくした１９４９年には、ボーランとバヌー、いずれの村においても聖母のご出現が認められました。１９８５年には、教皇ヨハネ・パウロ２世もボーランを訪れています。

その後

修道院の庭は巡礼者のために整備され、土手のところにあったルルドを模した洞窟は取り壊されました。

敷地の一角には、聖母が望んだ礼拝堂も建てられました。礼拝堂の入り口のアーチは、左から右に向かって、5つのひだが一つに重なるような形になっています（図表1-20）。これは、5人の子どもが同じものを目撃した奇跡を表しているといいます。

図表1-21　ボーランの聖母像

村にはいまでも、病や怪我に苦しむ人々が、世界中から救いを求めてやってきています。筆者が訪れたときにも、足の不自由な人と付き添いの人が熱心に祈りを捧げていました。そうした人々を、聖母の像は子どもたちが見たのと同じように両手を開き、ほほえみを浮かべて迎えています（図表1-21）。

1-8　ロヴァンジュールを離れて

ド・グレーフへの非難

こうしたなかで、子どもたちの心理の観点からご出現に疑問を投げかけたド・グレーフの論文が、ほとんど評価されなかったのは言うまでもありません。[26]

まず、村の医者がド・グレーフに反論しました。村に4日しか滞在していないというのに何がわかるのかと言うのです。トゥルネーのノートルダム・ド・ラ・トンブ学校の同級生だというある神父は、卒業後しばらくして会ったとき、ド・グレーフがルルドのベルナデットについてこう豪語したと証言しました。

「幻視体験をした子ども？　病院ではよく見るね。あのときルルドにいられなかったのは残念だよ。僕がいればこんなことにはなっていなかったからね！」

ボーランの修道女の一人は、ド・グレーフが妻をともなって来ていて、妻もまるで医者のように口を挟み、子どもたちを疑っていたと言っています。[27] ヴォワザン家の父は、いくつかの論文の著者を子どもたちへの名誉毀損で訴えようとしましたが、そのなかには当然ド・グレーフも含まれていたことでしょう。

5人の子どもたちの最後の一人として2015年にこの世を去ったジルベルト・ドジャンブルも、死後出版された『最後の呼び鈴――私の思い出――』（2018）で、ド・グレーフについて書いています。

ある夜、医者たちの聴取を終えて帰ろうとしていたところ、一人の男性に呼び止められました。その男性は質問を繰り返すだけでなく、次第に質問を複雑にしてゆき、幼いジルベルトにはどう答えたらいいかわからなくなってしまいました。どうやら「白い服を着た男を小径で見た」と言わせたかったようでした。ジルベルトは「いいえ」と言おうとしたものの、口から出てきた言葉は「はい」でした。見かねたヴォワザン家の父が、「この子は疲れきっているんですよ、わかるでしょう！」と間に入ってくれましたが、この男性こそが、精神科医ド・グレーフだったというのです。

ド・グレーフは、子どもたち5人を写真に収めようともしたといいます。そして、子どもたちに「みんな、頭をさげて、私の帽子の上あたりを見て」と言いました。その結果、皆、精神疾患があるかのような表情に写ってしまったというのです。すべてはこの医者の意地悪

図表1-22　コルテンベルグの精神病院

い企みだったのだと、ジルベルト・ドジャンブルは言っています。

　実際のド・グレーフの論文は、子どもたちへの愛と、起こってしまった出来事への哀しみにあふれています。9歳のジルベルトには、ご出現のときのことと同様に、ご出現以降のことも、すべて正確に記憶することは難しかったのかもしれません。しかも、わずかに残っていたその「核」には、一連の出来事に関する、そしてド・グレーフという精神科医に関する、まわりの大人たちの「証言」が加わっていってしまったのでしょう。

　子どもたちの状況に心を痛めていたド・グレーフ、そのド・グレーフに恨みを抱いたまま生き、亡くなったジルベルト。双方にとって、なんともいたましい誤解です。

転勤

　こうしてド・グレーフはまわりから、反ボーラン主義者、さらには不信心者とみなされてゆきました。勤務先のロヴァンジュール精神病院でも、もともと修道女たちと折り合いが悪かったのに加えて、この件についても批判されるようになりました。

　１９４３年、ロヴァンジュール精神病院の医長ドランデは退職の年を迎えました。本来ならば大学の教え子であるド・グレーフが後任となるはずです。しかし、ドランデは定年を超えても医長にとどまりました。しかも、ロヴァンジュール精神病院の医長とルーヴァン大学精神医学科の教授は同一人物と決められていたことから、ドランデは大学にも残ることになりました。ド・グレーフには、医長となって病院を改革するチャンスも、出身大学の精神医学科の教授になる未来も絶たれてしまったのです。

　父の生家に近いコルテンベルグにあるサン＝ジョゼフ病院（図表１-22）が、ド・グレーフを医長にと引き抜いたのは１９４６年のことでした。こうしてド・グレーフは、20年もの間、ときに針のむしろで働いたロヴァンジュール精神病院を去ることになったのでした。

　それでも、彼の印象に残ったのは患者たちの姿でした。

私のことなどまったく気にしていない患者たちもいたが、何が起こったのかわかっているような患者たちもいた。こうした患者たちは、そのほとんどが、ふつうの人が別れのときにするようにふるまってくれた。この人たちに別れを告げつつ、私は、私の人生のなかの一つの重要な時期に別れを告げたのだった。[28]

＊1 Joris Casselman, *Étienne De Greeff (1898-1961). Psychiatre, criminologue et romancier*, Larcier, 2015, Chapitre 1, 2-3 (Non paginé).

＊2 Casselman, Chapitre 1, 5.

＊3 ゲールについては橋本明の『「治療の場所」の歴史：ベルギーの街ゲールと精神医療』（２０２０）に詳しく書かれています。

＊4 Jules Duval, *Gheel, ou une colonie d'aliénés*, Paris, Hachette, 1867, p. 181.

＊5　その後この学校は１９６０年に解体されました。

＊6　De Greeff, « Ferme-école d'Elsum par Gheel. Éducation et rééducation des anormaux par le placement familial », *Œuvre Nationale de l'Enfance*, n° 11-12, Bruxelles, 1925, p. 1250.

＊7　*Ibid.*, p. 1245.

＊8　*Ibid.*, p. 1261.

＊9　*Ibid.*, p. 1093.

＊10　Casselman, Chapitre 2, 5-2.

＊11　ただし患者の通院が可能となり始めたのもこのころで、１９２４年には国内初の精神疾患専門のクリニックが開かれました。こうして修道院型医療は少しずつ下火になってゆき、70年代、ロヴァンジュール精神病院は大学病院のなかに組み込まれ、１９９７年に解体されました。人気のなくなった精神病院はしばらくの間廃墟マニアを惹きつけていましたが、筆者が訪れた２０２２年には集合住宅として再利用されており、かつて患者たちが散歩したロヴァンジュール家の旧庭園は、住人たちの憩いの場となっていました。

＊12　ジャネはまた次のようにも述べています。「私たちが誰かと一体になるとき、ただ歓びだけを共有するのではなく、その人と共に悩みその人の苦痛も共有しなければならない。苦痛を共感することこそ私たちの愛情なのであり、この共感こそが悩める人の心を和ませその相手から一層愛されることになる。（『症例マドレーヌ―苦悶から恍惚へ―』、１９２６）」これは神と一体化する患者について述べたものですが、本書の第三章で紹介する共感本能とも通じるものがあり

ます。なお、ド・グレーフと同じように精神科医であるとともに作家でもあった加賀乙彦も、やはりジャネを引用して死刑囚の時間について考え、犯罪者の異常に注目するのではなく犯罪者を人間として捉えようとしています。

*13 ボーランの小さな博物館には、このときの膝の破れたタイツのほか、子どもたちがベルを鳴らしていたずらをした店の看板も保存してあります。

*14 De Greeff, « Notes sur les Faits de Beauraing », p. 83.

*15 *Ibid.*, pp. 40-41.

*16 *Ibid.*, pp. 41-42.

*17 *Ibid.*, p. 31.

*18 *Ibid.*, p. 129.

*19 ド・グレーフによれば、ボーランと同じナミュール司教区のオルヴァルには両手を広げたマリア像があり、しかも「いとも純粋な心の聖母」としてハートをともなって描かれていました。そのことが暗示として働いた可能性もド・グレーフは指摘しています。ただ筆者が実際にオルヴァルをたずねてみたところ、いまあるのはこれより後の１９３６年に建てられた教会であり、ハートをともなった聖母はそこでは確認できませんでした。

*20 *Ibid.*, p. 151.

*21 *Ibid.*, p. 156.

＊22　*Ibid.*, p. 172. フェルナンドは何も語らぬまま１９７９年にこの世を去っています。

＊23　*Ibid.*, p. 174.

＊24　*Ibid.*, p. 175.

＊25　*Ibid.*, p. 176.

＊26　ド・グレーフを支持する人もいなかったわけではありません。半年後にボーランを訪れたアントワープの医者や聖職者たちは、特別列車やバスが運行され、ボーランのメダルを高値で売る人もいる状況を前に、次のように書いています。「事ここにいたっては、あったとされたことをなかったとすることなど不可能である。われわれが持っているような資料を、不信心者が持っていないとは限らない。いつかときを見計らって出してくるのではないか。ドジャンブル夫人は、子どもたちをひとりで育てていることもあってか、一見ぶっきらぼうだ。だが、一番まともな人かもしれない。夫人は言っている。『とんでもないことが起こってしまったもんです……。』」

近年になって、最新の科学と心理学をもとに、ふたたびこの事件を見直す動きが起こっています。民間信仰と教会権力、そして人文学の勃興のまんなかにこの事件を位置づけようとする研究もあります。ただ、ド・グレーフの論文についてはいまだに評価が分かれています。

＊27　ジルベルト・ドジャンブルの回想録には、ド・グレーフの妻のことは書かれていません。

＊28　Casselman, Chapitre 3, 5.

第二章

犯罪学者としてのド・グレーフ

——「犯罪者」とラベルを貼るのではなく

犯罪者とは、何よりもまず人間である。

2-1　犯罪学の歩み

犯罪学の誕生

　では、精神科医ド・グレーフは、なぜ犯罪学にも手を広げることになったのでしょうか。まずは犯罪学という学問の歴史から振り返っておきましょう。ドラマや特別番組では、何らかの事件に際し、プロファイラーが意見を述べる場面が見られます。そうしたドラマの多くはアメリカのものですし、特別番組に呼ばれるのもアメリカの専門家が多いことから、犯罪学とはアメリカで生まれ発展した学問と思われているかもしれません。

　しかし、犯罪学が誕生したのは、アメリカではなくヨーロッパにおいてでした。いつごろかという点については諸説ありますが、１８８５年、イタリアのラファエル・ガロファロが『犯罪学――犯罪の性質と刑罰の理論について――』という著作を発表し、タイトルのなかで犯罪学（criminologia）という言葉を用いたときというのが定説になっています。

　もちろん、ガロファロ以前にも犯罪や刑罰について考えた人々はいました。たとえば、イギリスの博愛家ジョン・ハワードは、まずはイギリス、ついでヨーロッパの刑務所をまわり、それぞれの問題点を指摘しました。またイタリアのチェーザレ・ベッカリーアは、啓蒙思想に影響を受けて、原罪や地獄、神の赦《ゆる》しといった宗教の問題と刑罰とを切り離して考えようとしました。そして、罰とは犯した罪に比例するものでなければならないと主張したのです。

こうした知が合わさり発展したのが、大革命を経て新たに法律や刑罰制度を整備することになったフランスにおいてでした。まず、18世紀末の段階で拷問のほとんどが廃止されます。ベッカリーアが説いた罪と罰のバランスへの配慮は、ナポレオン・ボナパルトの治下で制定された刑法典のなかで実現されました。その後19世紀半ばにかけては、刑務所の制度も改良されてゆきます。

犯罪者についての研究

こうしたなか、罪を犯した人間についての考察も進んでゆきます。18世紀末、スイスのヨハン・カスパー・ラヴァターは、人間の性格を顔立ちから読み取ろうとしました。ドイツ生まれのフランツ＝ヨーゼフ・ガルも、頭蓋骨の形と人間の精神の関係を探ろうとしました。そのガルの理論を受けて、19世紀前半のフランスでは、受刑者の罪状と頭蓋骨の間に関係がないか調査されるようになります。

同じころ精神医学も犯罪に関心を示すようになります。第一章で名前の挙がったピネルは犯罪者の精神疾患について研究しましたし、その弟子エスキロルも、殺人モノマニーという病の存在を主張しました。１８４０年代になって、独房の受刑者が精神疾患を発症しやすいことが指摘されると、生まれつき罪を犯しやすく心を病みやすい人間がいるとも言われるようになります。やがて監獄学（science pénitentiaire）という学問が生まれ、国際学会も開かれました。

ところがほどなくフランスで二月革命が起き、それまでこの国が中心的役割を果たしていた国際的な監獄学の発展は途絶えてしまいます。罪を犯した人間の研究は、精神医学に引き継がれることとなったのでした。

生来犯罪者説

19世紀半ば、フランスの精神科医プロスペル・リュカは、遺伝に注目します。同じくフランスのベネディクト＝オーギュスタン・モレルも、世代を超えて受け継がれる身体的・精神的特徴があること、そしてそれらはますます悪化し、最終的には変質（dégénérescence）と呼ばれる状態にまでなることを指摘しました。イギリスのチャールズ・ダーウィンが『種の起源』（1859）を発表する数年前のことでした。

　変質理論の研究者のなかには、アメリカの刑務所にいる人間の5分の4が、黒色人種と先住民のあいだに生まれていると指摘する者もいました。劣っているとされていた二つの人種の変質が、子どものなかで合わさることで、世代を超えて犯罪の原因になると主張するためです。同じ人種同士でも、変質が起こると思われた結婚は禁止しようと唱える者もいました。こうした変質理論の盛り上がりのなかで、一世代前の監獄学者がふたたび表舞台に現れ、犯した罪は顔の色や手の形といった先天的な特徴に現れているとする独自の理論を展開することもありました。

　イタリアの精神科医チェーザレ・ロンブローゾが、『犯罪的人間』（1876）と題する著作を発表したのは、こうした状況においてでした。ロンブローゾによれば、犯罪者のなかには機会による犯罪者と本能による犯罪者がいるといいます。前者は、偶然や出来心によって罪を犯してしまった人を指します。それに対して後者は、原始の状態に先祖返りした存在、いわば人類史におけるアクシデントだというのです。そうした先祖返りした人間のことを、ロンブローゾは生来犯罪者（criminel-né）と呼んだのでした。

　生来犯罪者は、痛みに対する耐性を示す刺青など、まずは後天的な外見的特徴によってわかるといいます。しかし頭示数（頭蓋の長さと幅の比率）の平均値からの乖離《かいり》といった先天的な外見的特徴も、やはり生来犯罪者を教えてくれるといいます。ロンブローゾと同じイタリアのエンリコ・フェッリも、両腕を広げたときの長さに注目し、この長さが身長を大きく超える者が窃盗犯のなかに多く見られるとしました。

いずれの説も、根拠にとぼしい差別的な理論です。それでもロンブローゾが、犯罪者について考察するにあたり、もともとの専門である医学以外に、人類学や畜産学といった学問も取り入れて多角的なアプローチを行なったことは評価されています。のちに犯罪学が境目なき学問（science sans frontières）となったのは、骨相学や精神医学を巻き込んだ19世紀前半の監獄学と、この19世紀後半のロンブローゾによるところが大きいでしょう。

生来か環境かを巡る論争

ロンブローゾの生来犯罪者説が、19世紀を通じて監獄学や変質理論を生み出してきたフランスで受け入れられたのは、驚くべきことではありません。人類学者のレオンス・マヌーヴリエは、原始人の頭部と殺人犯の頭部とを比較して、いずれも脳が未発達なのだと結論しました。法医学者のアレクサンドル・ラカッサーニュも、原始人や刺青といったロンブローゾ的テーマに関心を寄せました。古代からの関心事であった身体と精神のつながりの科学的証明が、ついに現実味をおびてきたのです。

しかし、1890年代ごろから、フランスではイタリア犯罪学への反発が見られるようになります。マヌーヴリエは、犯罪と解剖学的性質とのあいだの関係は、犯罪者が貧しい人々のなかから出てくることによるのではないかと気づき、環境にも目を向けようと説くようになります。ラカッサーニュも、犯罪者か否かは外見でわかるとする考えや、生まれつきの犯罪者がいるという決定論に対抗するようになり、社会心理学者ガブリエル・タルドに支持されました。こうしたことからヨーロッパの犯罪学は、犯罪の生物学的要因を重視するイタリア犯罪学vs犯罪の環境的要因を重視するフランス犯罪学という構図で語られています。

とはいえ当のイタリアでは、早くも1880年代から生来犯罪者説に反対する動きがありました。他方フランスでは20世紀に入ってからも、犯罪の原因として、遺伝や解剖学的奇形が挙げられ続けていたのです。そのため、近年では19世紀末から20世紀にかけてのフランス犯罪学を環境学派とは呼べないとする研究者もいますし、結局のところフランスは、先祖返りの説は否定したものの、従来の変質理論は引き継いだのだとする研究者もいます。

いずれにせよ19世紀が終わるころ、犯罪に関する学問には、精神医学のほかに進化論や生物学も大きく関わっていました。そして、犯罪学はときに犯罪人類学（anthropologie criminelle）とも呼ばれるようになっていたのです。

20世紀初頭の犯罪学の変化

20世紀に入ると、地域ごとの犯罪について研究が進みました。

たとえば、アメリカのシカゴ学派は、一つの町のなかのゾーンに注目しています。シカゴはミシガン湖に沿った半月状の町で、１８３０年代からの１００年間に人口が４００万人近く増えていました。そこで中心部から順に半円を描いてみると、住民は工業の発展にともない、少しずつゾーンを移動していることがわかりました。その動きのなかで、一時的に打ち捨てられ、無秩序に陥るゾーンがあって、犯罪はそうしたゾーンで頻発していたのです。

ベルギーでも、フランドル地域第6の都市メッヘレンと首都ブリュッセルの間には、子どもの死亡件数が飛び抜けて多い地域がありました。子どもたちは必要な世話を受けられずに亡くなっていたのです。ただこれも、この地域の人々のモラルというよりも、都市で生まれた私生児がこの地域に里子として送られてくることに問題がありました。

20世紀は、出稼ぎや移民といった、いわゆるよそ者の犯罪が強く意識された時代でもあります。ベルギーにも、１９２０年から１９３０年の間に17万人もの労働者が、フランス、イタリア、ポーランドなどから流入していました。さらにベルギーの場合、特殊な事情がありました。19世紀末の段階で、ワロン地方の炭鉱にはフランドル地方の労働者がやってくるようになっていたのです。つまり、同じ国のなかでも異なる言語地域に移動するということであり、国から国への移動による不適応だけでなく、オランダ語圏からフランス語圏へ、フランス語圏からオランダ語圏へという移動による不適応にも留意しなければならなかったのです。

２－２　ベルギーにおける犯罪学の状況

社会防衛法の成立

　こうした犯罪学の発展のなかで、ロンブローゾの説が時代遅れになっていったのは言うまでもありません。１９３８年にローマで行なわれた国際犯罪学会では、実証主義的犯罪学は失敗であったというのが共通の認識となりました。

しかし、イタリアとフランスからそれぞれ適度に距離を置いていたベルギーでは、どちらにも偏らない折衷主義のようなものが生まれていました。犯罪の原因を犯罪者の性質に求めるのか、それとも社会に見出すのか。前者は犯罪者に償いを求め、後者は犯罪者を再教育することにつながります。１９３０年に成立した社会防衛法（loi de défense sociale）は、この二つの考え方の衝突と和解から生まれたものであると言われています。

ベルギーでは１８６７年まで、フランスのナポレオン刑法典が使用されていました。その第64条では、犯行時に精神に障害のあった人は罪に問われないと定められていました。新たに制定されたベルギー刑法典の第71条も、この解釈を引き継ぎます。第71条に該当する人、つまり犯罪に該当する行為をしたものの精神に障害のある人は、精神病院に入院させられることになりました。

とはいえ、ここで言われていた精神障害とは、とても日常生活が送れないような心神喪失状態のことを指していました。そこまで深刻ではない場合はというと、通常通り裁判にかけられていました。そしてたいていは情状酌量を受けて短期間の服役をしたのち、出所してふたたび犯行に至ることが多かったのです。

そこで１９３０年、「精神の不均衡もしくは知的障害の深刻な状態にあって、行動が抑制できない（第1条）」人を対象とした社会防衛法が成立しました。精神に障害のある人の行為に関する、新たな法律です。

これは、彼らを処罰の対象にしないとする刑法第71条を変えるものではありません。彼らを、刑罰の代わりに「社会防衛」の枠組みに入れようとしたのです。この法律が適用されるのは、3ヶ月以上の服役の対象となる行為をしたものの、当人が重い精神疾患もしくは知的障害があるため罪には問われず、それでも社会にとっては何らかの危険がある、という三つの条件を満たした場合でした。

社会防衛の対象となった人たちは、5年、10年、15年、ときには一生涯、精神病院ではなく、より警備の行き届いた社会防衛施設に収容されることになりました。その代わり、症状が緩和し、社会に対する危険がないと判断された場合には仮釈放されるのです。仮釈放と言っても、最低1年の精神医学的監視がつけられ、やはり危険であると判断された場合には施設に戻されます。社会防衛という言葉が示すとおり、この法律の最大の目的は社会を守ることであり、対象となった人の治療と再教育も結局はそのためでした。

たとえば、精神や知能に軽い障害のある人がわいせつ行為をした場合、以前ならば裁判所はこれを軽犯罪として罰していました。そして数ヶ月後に釈放してしまうものだから、再犯が後を絶たなかったわけです。けれども社会防衛法に従えば、この人は5年間を目安に収容されることになります。もちろんそれより前に仮釈放されることもありましたが、あくまで司法官と弁護士と精神科医から成る専門委員会の決定を受けたうえでの仮釈放であって、観察のために定期的に委員会に呼び出されるほか、再犯を防ぐための後見人もつけられたのです。

社会防衛法の本質

すでに述べたように、社会防衛法は社会を守ることを第一に考えたものです。それでもこの法律が、触法障害者を、強い監視のもとであれば共生できる存在と捉えていたことは大きな意味を持っていました。

一例を挙げてみましょう。１９３４年、ベルギーで、女性がわが子3人を溺死させるという事件が起こりました。彼女を死刑にするべきか終身刑にするべきか、世論は二つに分かれていました。

この女性は、もともと金銭的な問題から学校に行けなかったため、同じように教育を受けていない夫との結婚を悔やんでいました。そのうえ夫の家系のなかには先天的な骨の異常のある人がいて、それが自分の子どもたちに遺伝するのではないかと恐れていたのです。こうしてこの女性は自分の子どもたちに、本来ならば必要ないはずの矯正器具をつけさせていました。そして事件の２年前からは、子どもたちがまともに育っていないと泣き、不眠も抱えていたのでした。

実の子ども３人を手にかけた後、彼女は感情をなくしてしまって、自分がなぜ捕らえられているのかすら、わからずにいるようすでした。最終的に彼女は、重篤ではないものの精神疾患があったとして社会防衛施設に入れられました。そして数年後に釈放されたのですが、誰かに危害を加える危険性はなかったといいます。

このように、精神障害者を一様に不処罰とするのではなく、監視の行き届いた施設に収容して自由を奪い、まずは行ないの責任を取らせる。そのうえで社会に適応できる状態に近づけ、可能であれば監視のもとで社会に戻すというのが社会防衛法でした。

その後、１９６４年には目安となる期限（５年、10年、15年）が撤廃されました。また仮釈放の条件である「社会に対する危険がないと判断された場合には」という文言も、「社会への再適応という条件で」に変更されています。１９９０年代後半には、デュトルー事件（マルク・デュトルーとその一味による、複数の少女に対する誘拐、監禁、強姦事件）による世論

図表２-１　ルーヴァン刑務所

の高まりを受けて、さらなる改正が試みられました。２００７年の改正では、法律の名称が「社会防衛法」から「精神障害者の収容に関する法」に変わっています。

ルーヴァン刑務所

　１９２６年、ロヴァンジュール精神病院に異動が決まったとき、ド・グレーフにはもう一つ仕事が任せられていました。それまでドランデが行なっていた、ルーヴァン刑務所での仕事です（図表２‐１）。

　ルーヴァン刑務所の歴史は、さらに１００年前にさかのぼります。当時ネーデルラントに統治されていたベルギーで、弁護士でジャーナリストのエドゥアール・デュクペシオと

図表２-２　第二ルーヴァン

いう人物が、政治的理由で服役したことをきっかけに、刑務所改革の必要性に気づいたのです。ベルギー独立後、刑務所監督官に任命されたデュクペシオは、１８６０年、ルーヴァンの町を囲む城壁のきわに、刑期が5年を超える受刑者のための刑務所（ルーヴァン中央刑務所）を建てさせました。当時の多くの刑務所と同様、放射状のいわゆるパノプティコン（一望監視施設）で、同じく当時の主流であった独房型の刑務所でした。[1] １８６９年にはそこから1キロほど離れたところに、やはりパノプティコンで独房型のルーヴァン拘置所が作られました。ここはのちに第二ルーヴァン（Louvain secondaire）と呼ばれることになります（図表２-２）。

20世紀に入ると、医者で犯罪学者のルイ・ヴェルヴェークが、ブリュッセルのフォレスト刑務所に、ベルギー初となる刑務所人類学（anthropologie pénitentiaire）研究所を開設しました。ロンブローゾによる犯罪人類学の影響がまだ残っていたころのことです。研究所に所属する医者は医療人類学者（médecin anthropologue）と呼ばれ、受刑者の頭蓋骨などを測る刑務官兼計測係、および書記との協力のもとで研究に当たりました。

１９２０年以降は、ルーヴァン刑務所を含む国内10の刑務所にこうした人類学研究所が作られ、ヴェルヴェークはそれらすべてを監督する所長となります。そして当初ロンブローゾ的方向性を目指していた研究も、少しずつ社会学、心理学、精神医学などを含む多彩なものとなってゆき、多くの論文が発表されるようになったのでした。

刑務所の医療人類学者

医療人類学者には、研究のほか、刑務所内の患者の診察も任されました。とくに研究所に（ルーヴァンの場合は第二ルーヴァン内に）新たに併設された精神医学局には、精神鑑定の対象となった容疑者や、精神的不調を訴える受刑者が送られてくるようになりました。

それまでは暴れる受刑者がいると、刑務官は地下牢に入れて落ち着かせたり、大声でわめくときには塩水を飲ませたりしていました。それが精神医学局の開設によって、医者の許可なしに罰が与えられなくなった代わりに、刑務官は受刑者を精神医学局に任せられるようになったのです。

これにより刑務官のなかにも、暴れる受刑者は「飼い慣らす」のではなく、「治療する」ものなのだという意識が生まれました。精神医学局ができてからというもの、ルーヴァン刑務所は健全な雰囲気に満ちるようになったといいます。また、異変があればすぐ第二ルーヴァンに送られることから、独房型刑務所では避けがたい拘禁反応（拘禁のショックによる精神の不調）も減ってゆきました。

第二ルーヴァンの精神医学局で、受刑者たちは独房には入らず、ともに寝起きし、会話し、働きました。そのなかで落ち着きを取り戻して、第一ルーヴァンへと戻っていったのです。第一ルーヴァンのほうが食事が良かったし、第二ルーヴァンにはラジオもプライベートスペースもなかったことから、戻りたがらない受刑者はいなかったといいます。

ド・グレーフが担当したのは、こうした第一ルーヴァンと第二ルーヴァンでの、医療人類学者として、そして医者としての仕事でした。のちにド・グレーフはこう語っています。

> 私のキャリアにとって、これ以上ないチャンスだった。国内の凶悪犯たちと接触することができるわけだし、彼らのケースにじっくり取り組ませてもらえるのだ。彼ら、とくに彼らの人格と向き合うべく、私は、患者たちに対してのときと同じように没頭した。[2]

ロヴァンジュール精神病院で確執を抱えていたド・グレーフの本拠地は、次第に病院から刑務所へと移ってゆきました。

ルーヴァン大学犯罪学科

ド・グレーフの活動拠点は、そこからさらに大学へも広がってゆきました。と言っても医学部においてではありません。ルーヴァン大学の精神医学の講義は、定年を超えたドランデが頑としてゆずりませんでした。代わりにド・グレーフには犯罪学科の講義が任せられるようになったのです。

１９２０年の段階で、法務省はルーヴァン大学に犯罪学コースを設置していました。ただし講義数は少なく、学位を出せるほどのコースではありませんでした。そこで、刑法の講義を担当していたブリュッセルの弁護士ルイ・ブラフォールが、１９２８年、法学部のなかに犯罪学科を作ろうと考え、学長もこれに賛同したのです。

一つの学科として学位を出し、学生の就職先を見据えるとともに関係諸機関の協力も得るためには、法務省との協力は不可欠でした。その法務省を説得するには、犯罪学科が実用的な養成課程であるのはもちろんのこと、さまざまな学問を修めた人々に開かれた、領域横断的な学び直しの場でもあることをアピールしなければなりませんでした。こうしてルーヴァン刑務所の医療人類学者ド・グレーフに白羽の矢が立ったのです。１９２９年、ド・グレーフは犯罪人類学実習の補助教員に、翌年には人体組織学の講義を担当する正教員に任命されました。

ルーヴァン大学は、カトリックの大学です。そのため、ボーランの聖母ご出現に否定的な見解を発表した１９３２年から１９３３年にかけて、ド・グレーフの立場はロヴァンジュール精神病院と同様に危ういものになりました。それまで好意的だったルーヴァン刑務所の所長でさえ、ド・グレーフが学生に悪い影響を与えかねないと学長に注意喚起しています。

しかし、ド・グレーフの講義は学生たちには大人気でした。犯罪学科に登録していない学生も、法学部の建物までやってきては受講したといいます。犯罪学サークルも作られ、毎週火曜日の夜、ド・グレーフの講義が終わると、学生だけでなく卒業生や専門家までもが学外の施設に集まり、ド・グレーフを囲んで熱く議論を交わしたのでした。

２-３　第二次世界大戦のなかで

ナチス・ドイツによるベルギー占領

ボーランでの聖母ご出現にベルギー中が沸き立っていた１９３３年、隣国ドイツではヒトラーが首相に就任していました。次第に強まるナチス・ドイツの脅威を前に、１９３６年、ベルギー国王レオポルド３世は中立を宣言します。しかし、１９３８年にオーストリアとチェコがドイツに併合されると、ベルギーでも予備役軍人が召集されます。そして翌１９３９年、ドイツのポーランド侵攻を受けてイギリスとフランスはドイツに宣戦し、ベルギーも国家総動員を宣言したのでした。

このときド・グレーフが執筆していた『われわれの運命と本能』は、次のような言葉で中断されています。

何をもっても避けられないカタストロフィーがやってくるのを感じている。いま、破壊の力は動き出している。幸いまだ本格的にではないようだが、そしてそうであってほしいと願っているのだが。取り返しのつかない爆発が起こるまでに、私がまだ生きられる日々を、私に残された自由の日々を、人間にまだ望みがあるのかどうか探るために、人間の救済の条件を考えるために使わなければならない。[3]

この文章を書いた後で、ド・グレーフは軍医として召集され、軍の病院の精神科に配属されました。戦争が始まったら別の場所に送られるかもしれないと、ド・グレーフは南フランスに避難した家族に書き送っています。ただ、１９４０年5月、ベルギーに侵入したドイツ軍は１ヶ月もしないうちに全土を占領してしまいました。ド・グレーフは家族と数ヶ月後に無事再会することができましたが、家は荒れ果ててしまっていました。

戦争の爪痕

ロヴァンジュールには多くのレジスタントが潜伏しており、ド・グレーフもそのうち数名を家でかくまっていました。逃走中のレジスタントを追うドイツ兵たちが、深夜に家に押し入る事件も起こりました。[4]

つかまったレジスタントのうち、重罪に該当する人たちは、そのままドイツに送られて裁判にかけられ、多くの場合、強制収容所に送られるか処刑されました。軽犯罪に該当するレジスタントたちはというと、ド・グレーフが勤務するルーヴァン刑務所に送られてきました。刑務所は通常の機能を果たせなくなっていたのです。

戦争の影響はルーヴァン大学犯罪学科にも及びます。犯罪学科の創設者で学科長のブラフォールは、ブリュッセル弁護士会の会長でもありました。そんなブラフォールに占領軍は、ユダヤ人弁護士のリストを渡すよう迫ったのです。抵抗し続けたブラフォールは、ベルギーのカトリック系ファシスト団体であるレックス党の党員たちに拉致されてしまいます。2日後、ブリュッセル東部の畑のなかで、ブラフォールの遺体は見つかりました。首には複数の銃創があり、両手にはロザリオが巻きつけられていたといいます。

戦時中の講義

こうして犯罪学科は学科長不在となり、臨時学科長をド・グレーフが務めることになりました。不幸中の幸いは、第一次世界大戦のときのように大学が閉鎖されることはなく、講義が続けられたことです。貴重なガソリンを使うわけにはいかないと、ド・グレーフは愛車をガレージにしまって自転車で通勤しました。

ド・グレーフの講義は戦時下でも大盛況でした。ある学生によれば、フランス語での開講だったものの、試験はオランダ語で受けさせてくれたといいます。また別の学生によれば、試験に何を出してほしいか聞いてきたり、一対一の口述試験の後、おしゃべりをしてくれたりすることもあったといいます。日本ほど教授と学生の距離が近くないベルギーにあって、とっつきやすく寛大なド・グレーフは学生たちからの人望が厚く、ほかの教員には反抗的な学生もド・グレーフの言うことには耳を傾けていたといいます。

　そんな学生たちを、ド・グレーフは勤務先のルーヴァン刑務所に連れていきました。受刑者を前にしたド・グレーフのふるまいは、学生たちに対するのと同じでした。学生たちは、受刑者との面談にも立ち会わせてもらえました。実際の刑務所や受刑者を見るだけでなく、受刑者にどのように接し、どのような質問をし、その答えをどのように解釈するかを学ばせてもらえたのです。

　１９３３年から１９３９年にかけて行なった講義は、学生たちの間で公式シラバス（教員が講義内容をまとめたもの。学生が講義内容を一言一句記録して受けついでゆく裏シラバスもある）が出回りました。それがまずは１９３７年、ついで１９４７年に『犯罪学入門』として出版されると、ド・グレーフはベルギーの、そしてフランスの犯罪学の表舞台に立つことになります。ド・グレーフには、法学部以外の学部の講義も任されるようになりました。

戦争と犯罪

講義と診察で多忙を極めつつも、戦争の渦中に投げ込まれた精神科医・犯罪学者として、ド・グレーフは人間について追究しようとしました。精神障害者を「遺伝的疾患の持ち主で、次世代にも病を広げるもっとも危険な連中」として断種したナチス・ドイツについては言うまでもありません。

たしかにド・グレーフの『犯罪学入門』の初版にも、改訂時に削除されたとはいえ、遺伝に関する章があります。それでもやはり、精神疾患も犯罪もさまざまな経緯で生まれるものであって、断種で解決できる問題でないことは明らかでした。まるで動物の改良について話すかのように断種を支持する人々は、人間を外側から判断するだけで、人間の内側で起こっていることを、理解することはおろか、しようとすらできないのだとド・グレーフは言い切っています。

ほかにも数々の非道な行ないを目の当たりにしたド・グレーフでしたが、ふと、ベルギーで起きたある事件のことを思い出します。ある老女が、精神を病んだ末に、人は人を無駄にするべきではないと言って、死んだ実の子を食べようとした事件です。だとしたら、殺した人々の金歯と脂肪を利用したと言われていたナチス・ドイツもまた精神を病んでいたのではないかとド・グレーフは考えます。ナチス党員のなかには、非アーリア人に対する盗み、略奪、暴力、断種、殺人といった集団犯罪をそそのかす、いわば犯罪的人格を持つ人々が相当数いるようでもありました。

ですが、そうした行為をなぜほかの人々も一緒になって実行してしまったのかというのも、無視してはならない問題でした。

戦争と犯罪というと、絶大な権力を持つ人間ばかりが注目されがちです。たしかに権力者のなかには、ラカッサーニュが「カエサル的変化」と呼ぶところの精神的な変化が現れるもので、政治家でも植民地の権力者でもギャングのリーダーでも、後になって振り返ると自分でも直視できないような行動に出てしまうことはあります。

それでもド・グレーフは言いました。

> 私が指摘したいのは、権力の座にいる人間に起こる変化よりも、権力に加わった人々に起こる適応である。ドイツ占領中、一部の人々は降って湧いたような僥倖《ぎょうこう》を前に、

思いのままにふるまい、占領が終わるころには、「つねに正しくすべてが可能な総統」と同じ精神性を身につけていた。ドイツ軍が動き出すと、こうした精神のバランスを欠いた人々は、権力を行使する喜びを味わうべく追従した。彼らは、よくない行動をしているのだということがわからず、むしろ正しく行動していると確信していた。その精神は曇り、道徳的判断はできなくなっていたのだ。[5]

平時のような判断ができなくなっていたのは、ナチス・ドイツやそれに与《くみ》する人々だけではありませんでした。１９４２年には、暴利行為や契約違反といった違法行為がベルギーのあちこちで見られました。１９４３年以降は、レジスタンスを支援するという口実のもと、郵便局や銀行の襲撃が相次ぎます。灯火管制も強盗を増加させたし、ドイツへの不服従だけでなく、反対に対独協力を理由にした暗殺も起こりました。普段ならば何の問題も起こさないような人たちが、犯罪的な性質をあらわにしたのです。

犯罪的な本能

それはどんな人間でも、戦争のような時期にあっては、もっとも原始的でもっとも根源的な本能に突き動かされてしまうからなのだろうとド・グレーフは考えました。彼の耳には、ドイツ軍の行進のリズムが響いていました。息を切らせることもなければ止まりもしないかのようなその行進のリズムは、人間の奥底のリズムにぴったりと合っているようでした。そのなかで醸し出される一体感は、かつてドイツの哲学者マックス・シェーラーが指摘したように、指導者との突発的な一体感ではなく、一人一人の動きが独特のリズムで規制され、全体的な熱狂状態のなかで、個人の精神も身体も一つに溶け合ってしまうような一体感でした。こうして、憎しみや恨みでできたスローガンを共有する人々が、それぞれの本能を同じ方向へと向けていたのです。

だから、敵とはファシズムそれ自体ではないとド・グレーフは言います。ファシズムとは、単に社会の形にすぎないのです。同じように、独裁政権もまた敵ではありません。ある政党や代表者は、ただ指揮をしているだけなのです。群衆は、圧政の犠牲者であるかのように見えて、実際には自らの本能に従っているのです。

> 敵、それは私たちのなかに存在する。それは私たちのなかに、種の起源から存在している。それはナチズムの後も残り続けるだろう。私たちはそれを次の世代へと残してし

まうのだ。それが敵であるとさえ、私たちは認めようとしないかもしれない。なぜならそれは私たちのもっとも根源的でもっとも触れられたくないところに、私たちの奥深くにあって、それを意識することは私たちを苦しめるからである。[6]

ナチス・ドイツが崩壊しても戦争の危険はなくならないし、犯罪もまたなくならないというのです。戦後、毒殺犯について説明するなかでも、ド・グレーフは次のように説明しています。

現在では多くの人が、占有した力を使用することに抵抗している。しかし多くの人といっても大多数というわけではないし、誘惑に抵抗しきれるコミュニティもほとんどないだろう。かつての弓は、今日の核兵器だ。一部の人間が、本来同胞であるはずのほかの人間たちにとっておそろしい力を占有したとき、それを使用しようとしたとしても、なんら不思議はない。それが毒薬か爆弾かというだけの違いなのだ。[7]

ファシズムの台頭からも、核兵器の使用からも1世紀近くが経とうとしているいま、ド・

グレーフの言葉は、私たちが目を背けようとしているところを容赦なく突いてきます。こうした人間の本能については、第三章でふたたび立ち戻ることにしましょう。

2-4　犯罪者とふつうの人

図式化への警鐘

こうしてド・グレーフは、人間というものが、本人が思う以上に複雑で危うい存在であることに気づきました。しかし、ほかの学者たちはというと、そんな人間を簡略化し、すでにわかっていることのなかにまとめたがっているように思えました。ド・グレーフがしばしば言及したアレクシ・カレルも、ちょうど同じころ、『人間―この未知なるもの』（１９３５）のなかで次のように指摘しています。

> これまで人間に関する学問は（…）機械論に支配されてきた。（…）学者たちの関心は、人間の愛情や道徳、内的人生、性格、美的・宗教的欲求、生体的・心理的現象の共通基

盤、心理的・精神的環境と個人との間の深い関係といったものの前を素通りしてきた。[8]

ボーランの聖母ご出現のときだって、医者たちは、子どもたち一人一人の幻視体験を単一の形式に落としこもうとしてはいなかったでしょうか。

人間を図式に還元する傾向は、学者だけでなく裁判官にも見られました。裁判官は、客観的であろうとするあまり、罪を犯した人間そのものを無視してしまっているようにド・グレーフには感じられたのです。「省く、拒絶する、頭のなかから消す、受け入れない、無に帰す、つまるところそれは、裁く対象の人間を否定すること」[9]と同じです。

その余波を被るのは、裁かれる人間だけではありません。被告人は人間性を取り除かれますが、裁判官は、そのものはや人間ではなくなった存在に法律を適用するだけの、いわば自動人形になってしまうのです。こうして自らを「最小限の複雑さと、最大限の責任・志向を与えられた人工人間」と感じ、裁判官は、「司法ほど機械に取って代わられやすいものはない」と考えるようになるのです。[10]まるでSF小説のようですが、ド・グレーフが知り合った裁判官たちは皆、自分の職業に嫌悪感を抱いていました。

人間を判断するということ

しかし、人間を人間として見ずに判断することは、はたして可能なのでしょうか。

たしかに行為は、「あった／なかった」という絶対的なものです。それでも、その行為者は人間です。つまり行為とは、ある人間の、ある人生の一時期に、ある状況のなかで、ある問題への解決策としてなされたものなのです。だとしたら、「した／しなかった」だけを問題にするべきではないでしょう。

人間の心のなかは、外側からはわかりません。言葉も態度も、それをわからせてくれるどころか、往々にして隠してしまいます。目に見える人間の行為は、いくつもあったであろう選択肢の一つにすぎないのであり、ほかにどのような選択肢があったのか知らない限り、一つの行ないからその人間を判断することはできないのです。たとえその行ないが重大なものであっても、それだけでその人間を理解することはできないのです。

ド・グレーフの脳裏には、子どものころに村の小学校の校庭で見た青年の姿がよみがえっていました。青年はあのとき、叔母を殺した直後でした。でもその話を聞くまで、ド・グレーフはあの青年を、どこにでもいるふつうの青年と思っていたのです。

それに、そもそも犯罪とは何でしょうか。たとえば、この時代のベルギーでは中絶は犯罪で、中絶する母親は異常だとさえ言われていました。しかし、同じヨーロッパのノルウェーでは、すでに中絶を合法化する運動が始まっていました。[11] つまり犯罪者と呼ばれる人は、われわれと変わらない一人の人間なのであって、ただその行為が、その社会が許容しない域に入りこんだだけなのではないかとド・グレーフは考えたのです。

　それなのに学者たちは、身体的特徴や気質で人間を分類したり、何かしらの異常によって犯罪者を説明したりしてきました。遺伝的な特徴や環境の影響が犯罪者に見られれば、それでもう満足してしまっていたのです。「精神科医も犯罪学者も、ダーウィンやロンブローゾや人類学世代が図式化してきた大衆的な概念をそのまま受け入れてきてしまったようで、犯罪者の内的態度であるとか、人格と行動の関係には目を向けてこなかった[12]」とド・グレーフは批判しています。

　ド・グレーフはまた、「ラベルを貼ることで満足するような学問は当てにはならない[13]」とも言っています。ある人に、犯罪者によくある身体的特徴が見られたのだとしたら、ラベルを貼って終わらせるのではなく、その特徴がなぜ盗みや殺人に結びついた／結びつかなかったのかを考えなければなりません。ある犯罪者が特殊な環境にあったのだとしたら、その環境がなぜその人にそのような形で作用したのか、さらにはなぜその人がその環境にあったのかまで考えなければなりません。これこそが、ド・グレーフからすれば犯罪学という学問の真のありかただったのです。

「ふつうの」「善良な」人

人は犯罪者が、自分とは似ても似つかない存在だと思っています。もしかしたら、犯罪とは無縁でいたいものだから、無意識にバリアをつくってしまっているのかもしれません。そして自分は、あくまで「ふつうの」「善良な」人間だと思いこんでいるのです。

しかし、まるで社会の大部分を占めているかのように思われているこうした「ふつうの」人間は、はたして本当に存在するのでしょうか。そのような人間は、犯罪者と一般人とを比較しようとする従来の犯罪学の図式のなかで作られた、抽象的な存在にすぎないのではないでしょうか。

「善良な人」だって、つねに穏やかで復讐など考えもしないというわけではないはずです。実際には、自分を揺さぶる原始的な本能と戦っているのであって、悪しき誘惑をどうにかこうにか退けているのではないでしょうか。その人が罪を犯さないのは、誘惑と無縁だからではなくて、誘惑に屈しない、もしくは屈することがあまりないからなのではないでしょうか。

「善良な人」も、ほかの人と同じように驚きもすれば怒りもします。ただ適応に至る葛藤が見えにくかったり、沈黙のうちに行なわれたりしているだけなのです。そんな適応の範囲（トレランスゾーン）が広いこの「善良な人」は、ド・グレーフからすれば、単に「社会型」とでも呼ぶべき存在でした。

それに対して、嫌な状況に陥るとすぐに反発するような人間は、「原始型」に該当するといいます。原始型は、5歳の子どもが急に20歳になったような状態です。本来ならその15年の間に、子どもは外からの圧力を受けて、ときに自分自身をだまらせることを学びながら自己を形成してゆきます。原始型はその段階が、家族の甘やかしや無関心によって抜け落ちてしまっている状態なのです。窃盗や暴行、さらには目覚めた性をコントロールできずに性犯罪の加害者になりやすいのはそのためだ、とド・グレーフは言います。

そのような原始的反応は、アルフレッド・アドラーの言うところの補償不全の結果なのかもしれません。だとすれば、「偽補償型」の人間もいるとド・グレーフは指摘します。偽補償とは、社会生活とは両立するものの、原始的反応のカモフラージュにすぎないふるまいを指します。たとえば、誰かに失礼な態度を取られたときに、軽蔑する素振りをしたり、あわれむようなほほえみを浮かべたりする人がいます。「原始型」のように殴ってしまうことはないけれども、「社会型」のようにやりすごせるわけでもない、この人は偽りの補償を行なっているのであり、その「ほほえみは平手打ち」なのです。おだやかに見えて実際にはいつでも爆発しうるこの人の爆発は、「おとなしい人が怒ると怖い」と言われるように、まわりを驚かせることになるでしょう。なかには残酷な形を取ることもありますが、だからと言ってこの人がもともと残酷というわけではないのです。

そして人間は、「社会型」「偽補償型」「原始型」の三つに分けられて固定されているのではなく、三つの型を移動しうるものであるとド・グレーフは言います。エルンスト・クレッチマーの気質分類との違いがここにあります。クレッチマーは、古代以来の四気質説（人間を多血質、粘液質、胆汁質、憂鬱質に分ける）に対し、人間の気質を循環気質と分裂気質に分け、そこに闘士型、細長型、無力型、肥満型からなる身体的分類を組み合わせました。一方、ド・グレーフによれば、「偽補償型」は思春期から25歳ぐらいによく見られるし、「社会型」もただ感情のバランスが取れているだけの状態で、25歳ぐらいから増え、40歳を超えると義務のようにすらなるといいます。

つまり、よく言われる「ふつうの人」というのは、これらの型のどれかというのではなく、これらの型のあいだで、ときに進み、ときに後戻りする人のことなのです。人間はつねに揺れ動いているのです。だからこそ、「ふつう」か「ふつうでない」か、どの型に該当するかで終わらせるのではなく、目の前の人がなぜその型にとどまっているのか、何がその型に引きとめているのかという疑問を抱くことが重要なのです。

犯罪者とは人間である

それでも人は犯罪者のなかに、自分と異なる点を探そうとします。罪を犯した人が、必要な努力をしてこなかったと言われるのは、今も昔も変わりません。それは罪を犯した本人も同じで、「こんな状況はいくらでも避けられたはずなのに」と思っています。しかし、人間は問題にぶつかりでもしない限り、なかなか自分の傾向に気づくことはありません。

身近なところでは、結婚を後悔している人を思い浮かべればいいとド・グレーフは言います。なぜこのような相手と結婚したのかと、本人は後悔し、まわりは批判することでしょう。しかし、そのような相手を選んだのは、本人も気づいていないそのときのコンプレックスやフェティシズムに動かされてのことであって、本人やまわりが言うところの「選択の自由」とは、まぼろしの自由にすぎなかったのです。人間が取るいかなる選択も、いかなる行動も、自分ではわからない何かしらの傾向に影響を受けているのであって、必ずしも努力でどうにかなる問題ではないのです。

1932年、犯罪学者としてまだ駆け出しのころの論文で、ド・グレーフは断言しています。「犯罪者とは、何よりもまず人間である」。ルーヴァン大学で学生たちに語ったことをまとめた『犯罪学入門』の冒頭にも書かれています。

> どんなにたくさんの資料を読み、膨大な統計を調べ、反論の余地のない証明をしたところで、われわれは依然として犯罪も犯罪者も理解したということにはならない。われわれはあまりに忘れてしまっている。犯罪者とはまず人間であり、ほかの人たちと違うどころかよく似ているのだということを。[14]

敵対する職業やグループの人であっても、一人の人間として向き合えば評価が変わるということはよくあります。同じように、犯罪者をまずは一人の人間として捉え、向き合うことからド・グレーフは始めたのでした。

受刑者の社会調査

そのためにド・グレーフは、ルーヴァン刑務所での調査を見直すことにしました。

刑務所内の人類学研究所では、もともと、受刑者の身体的調査のほか、知能レベルを測るテストが行なわれていました。どちらも犯罪者と「ふつうの人」は異なるという前提に立ち、平均値から外れた人間を探し出そうとするものです。当然、これといった成果は上げられなかったし、処遇に活かせることもありませんでした。

かと言ってド・グレーフが望むように、受刑者の人格やその変化に注目することはできませんでした。そうした資料は受刑者本人の話をもとにした、ほとんど自伝のようなものだったからです。もちろん自伝が役に立つことはあります。しかしそれは、自伝の内容が事実とどう異なるのか、つまり本人が事実をどう解釈しているのかがわかる場合であって、事実が把握されていない以上、有効に活用することはできなかったのです。

そこでド・グレーフは、受刑者の観察のなかに社会調査を含めることにしました。その試み自体は新しいものではありません。１９３１年に開所したホーフストラテン少年刑務所の刑務所長は、受刑者一人一人について、家族、通っていた学校、管轄の警察署など、片っ端から手紙で問い合わせをしていました。同じことをルーヴァン刑務所では、ソーシャルワーカーを雇って、受刑者の暮らしていた場所に出向いて行なうことにしたのです。ときどき密猟はしていたけれども、獲物はほかの人たちに分けてやっていたといいます。ところがある日、密猟監視人を銃で撃ち、収監されてしまいます。刑務所の職員たちが言うには、きっと誰かにだまされたのだろうということでした。

ところが心理学的調査をしてみると、彼のなかでは承認欲求が子ども並みに強いことがわかりました。そこでソーシャルワーカーの報告書を見てみたところ、彼が、自分を叩いた小学校の先生のことをずっと恨んでいて、大人になってからは先生に会うたびにからんでいたと書かれていたのです。友達でさえ、間違っていると思ったときには大勢の前で殴っていたといいます。

これらのことからド・グレーフは、彼が正義の味方のようにふるまっていたのは、人のためというよりも、不正を前に介入したい衝動に従ったからではないかと考えました。そうした衝動は誰にでもあるものですが、堪えることができなかったのだとすれば、本人が長所と考えているところは短所でもあるということになります。獲物を分け与えたり、その場を収める人物としてふるまったりしたのも、承認欲求ゆえに村のヒーローを演じていただけかもしれません。いずれにせよ彼は、言われていたように偶発的犯罪者というわけではなく、むしろセルフコントロールを身につけるための再教育が必要だということがわかったのでした。

このようにド・グレーフは、一人の人間の歴史を、医学、人類学、心理学的調査の結果だけでなく、本人が打ち明けた内容と、まわりから寄せられた情報をもとに再構築しようとしました。内と外から照らし出されたその人の歴史は、過去だけでなく、近い未来と遠い未来を見据えたものとなったのです。

調査を継続するなかで

また別の受刑者は、20歳の若さにして、食料品店の女性店主を金銭目的で殺害しました。しかもその後、犯行に使った手袋を焼却し、ショッピングに出かけ、ダンスにも興じたといいます。精神鑑定の結果、責任能力は十分に認められ、彼はルーヴァン刑務所に送られてきました。

ソーシャルワーカーの調査によると、彼は母親に甘やかされ、何をしても許されてきたということでした。事件の1年半前には、姉をナイフで脅して金を巻き上げていました。ド・グレーフが面会したときにもこの受刑者は、犯行の顛末《てんまつ》だけでなく、小さな子どもや動物を虐待してきたことを得々と語りました。知能テストの結果は低く、幼稚な態度を見せることも多々ありました。

やがて彼は、体つきにコンプレックスがあって、そのせいで身なりにこだわっていることを明かしました。どうやら彼の行動は皆、劣等感に対する反応のようだったのです。だとすればその行動は悪化する恐れがあったし、精神疾患に発展する可能性もありました。そこでド・グレーフは、彼に自信を持たせて現実をあるがままに見られるようにするとともに、調査を継続することを決めたのでした。

実際ルーヴァン刑務所には、刑期の長い受刑者たちが収容されており、ド・グレーフは同じ受刑者と何度も面会することができました。そのなかで、数年前の観察結果が現在の受刑者に当てはまらないという事態にも、幾度となく直面することになりました。

こうしてド・グレーフは、できるだけ細かなフォーマットを使用することにしました。受刑者の子ども時代から、初恋、そしてどのように罪を犯し、いまどのような道徳観を抱いているかまで、じつに70近くの項目について、受刑者一人一人は観察され、その都度ファイリングされたのです。

犯罪を生み出すプロセス

　ところで、一人の受刑者に対する観察結果が昔と今とで異なるということは、最初の観察が客観的であったのに対し、その後の観察がそうではなかったということかもしれません。ほかの医者であれば、これをゆゆしき事態と捉えたことでしょう。けれどもド・グレーフからすれば、科学的で客観的な見方は、もちろん必要ではあるけれども、いついかなるときも保っていなければならないものでもありませんでした。人間である以上、ときに観察が主観的になってしまうのは当然であり、人間対人間として受刑者と接するのはむしろ好ましいことでさえあったのです。

　それにこのことは、観察する側だけでなく、観察される側にも変化が起きた可能性を示していました。ある一時期の人格がどれほど危険であっても、その状態は変化するのであって、悪化してしまうこともあれば、抜け出すこともできるということです。また、どれほど悪い状態であっても、人間は行きつ戻りつしながらそこにたどり着いたということでもあります。

　ド・グレーフには希望の光が見えてきた気がしました。もしかしたら、警察が実況見分で犯罪を再現するように、医者は犯罪者の心の再現をすることができるのではないだろうか？　人間は、何かしらのプロセスの先に、反社会的行動を取るのではないだろうか？　しかもそのプロセス自体は至って正常で、むしろそのプロセスが見られない場合こそ病的なのではないだろうか？　犯人はよく「かっとなってやった」とか「むしゃくしゃしてやった」と言いますが、動機のない突発的な犯罪など現実にはほとんど存在しないのであって、理由なき真に病的な犯罪など、非常にまれなはずだとド・グレーフは考えたのです。

ここで言う犯罪とは、何も凶悪犯罪だけではありません。窃盗犯だって、ド・グレーフからすれば、刑法が規定するような「他人の財物を窃取する者」ではなく、「盗まないわけにはいかなくなってしまった人」でした。本人はよくわかっていないため、動機を聞かれても「ついやってしまった」としか言わないけれども、盗まないわけにはいかなくなる経緯というのは、それほど単純なものではないはずです。

本人も気づかないような、犯行の真の動機を教えてくれるプロセス、それは犯罪が起こる前の、いわばプレ犯罪期とでもいうべき期間にあるはずだ、とド・グレーフは目星をつけました。そのプロセスのなかで、物事や相手の価値が変化して、行為に正当性が与えられてゆくのだろうと考えたのです。あらゆる犯罪にはそれを生み出すプロセス、犯罪生成プロセス(processus criminogène)があるのであって、犯罪はその帰結なのではないかという仮説です。

２-５　殺人犯の心理

クライム・オブ・パッションとは

１９３５年、ド・グレーフは「殺人犯の心理」と題する論文を発表しました。そこで展開されている理論は、「クライム・オブ・パッション（crime passionnel）の心理」と呼ばれることもあります。

クライム・オブ・パッションとは、失恋もしくは嫉妬による殺人を示す言葉です。ド・グレーフによれば加害者の３分の１は女性だということですが、後に述べるような理由もあって、男性によるものというイメージの強い犯罪です。日本では情痴犯罪と訳されてきましたが、ひと昔前によく聞いた「痴情のもつれ」という言葉のほうが、馴染みがあるかもしれません。

ただ、「情痴」であれ「痴情」であれ、それが「パッション」という言葉の意味を正確に訳しているかと問われれば、首を横に振らざるをえません。まず、どちらにも「痴」という字が含まれています。理性を欠いた状態や色欲を表す漢字です。ところがパッションには、そのような意味はありません。パッションという言葉はむしろ、誰もが何かしらに抱きうる、基本的にはポジティブな感情を表します。

それだけではありません。ラテン語までさかのぼると、パッションには、受け身の状態や苦しみといった意味があることがわかります。つまりクライム・オブ・パッションという言葉には、情熱がたかぶり、苦しんだ、もしくは苦しめられた末に犯した罪というニュアンスが含まれているのです。

その原因は被害者（おもに女性）にあるかのように考えられてきました。

クライム・オブ・パッションという言葉が最初に使われたのは、19世紀後半のフランスにおいてでした。このころ男性による女性の殺害は、取り立てて珍しいものではありませんでした。新聞を開けば、浮気した女性が夫や男性に殺されたと報じられていました。

女性が殺されるというのは、文学作品のよくあるテーマの一つでもありました。その代表とも言えるのが、プロスペル・メリメの小説『カルメン』（１８４５）です。カルメンを愛するホセは、山賊にまで身を落とします。ところが、カルメンは心変わりし、別の男性に恋するようになります。嫉妬したホセは、カルメンを刺し殺してしまうのです。19世紀前半に書かれたこの小説は、19世紀後半になるとジョルジュ・ビゼーによってオペラ化されました。

19世紀を通じてフランス人が好んだこのストーリーは、以下のように要約できるでしょう。男性が女性に恋をする。その女性には、魅力的だったり移り気だったりという「欠点」がある。男性は苦しめられ、女性を殺害する。クライム・オブ・パッションという言葉が生まれたのは、こうした背景においてだったのです。

そのため多くの場合、犯人の男性には同性たちから同情のまなざしが注がれました。ロンブローゾやフェッリも、クライム・オブ・パッションの犯人をあの生来犯罪者のなかに加えようとはしませんでした。

クライム・オブ・パッションからフェミサイドへ

20世紀後半になって、ジョエル・ギエはクライム・オブ・パッションの歴史を調べました。そしてナポレオン刑法典（1992年に現在のフランス刑法典に改正されている）の第324条を挙げて、法律そのものがいわば共犯だったと非難しました。この法律によれば、妻の不貞現場に出くわした夫は、妻を殺害しても罪に問われなかったからです。

ギエいわく、女性にだって男性のように、恋愛において好きなようにふるまう自由があります。ところがその自由には、男性に殺されるかもしれないという代償があるのです。では、なぜ男性は女性を殺してしまうのか。それは、女性と同じくらい、もしかしたら女性よりもっと繊細で傷つきやすいからであり、それでいてその繊細さや傷つきやすさを隠さなければならないからでした。20世紀が幕を閉じる直前、ピエール・ブルデューも、男性が荒々しくふるまうのは女性に対する不安からであり、それが逆に男らしいと評価されてしまっていることを指摘しています。

21世紀に入って『リベラシオン』紙は、クライム・オブ・パッションという言葉の使用をやめることを提案しました。あいまいな言葉だからというのもありますが、加害者の「自分は苦しめられたんだ」という一方的な言い分を信じたり、殺人を情熱という言葉で正当化したりすることにもつながるからでした。最近では、歴史家と写真家が協力して、『クライム・オブ・パッションは存在しない』（２０２１）という書籍も出版されています。

ではクライム・オブ・パッションではなく、なんと呼べばよいのでしょうか。『リベラシオン』紙は、「配偶者の殺人」や「親密なパートナーによる殺人」といった、より被害者の側に立った言葉を挙げています。女性政治家のフィオナ・ラザールは、フェミサイド（féminicide）という用語を司法分野でも使うことを要求しています。

ただ、ドメスティック・ヴァイオレンスが世界的に顕在化するなかで、殺害（-cide）まで至らない犯罪もあることが指摘されています。また、配偶者やパートナーだけでなく、一方的に恋愛感情や恨みを抱いた人間による犯罪も忘れてはならないでしょう。

しかも、言葉が変わったからといってただちに本質が変わるというわけでもありません。いまだに殺人事件や傷害事件が起こったとき、とくに加害者が男性で被害者が女性であったとき、加害者には何かしらの理由が、被害者には何かしらの落ち度が探されはしないでしょうか。

こうした諸々をふまえて、本書ではド・グレーフの理論を、その通称「クライム・オブ・パッションの心理」ではなく、あくまで「殺人犯の心理」と呼ぶことにしたいと思います。[15]

情熱による犯罪と功利的な犯罪

誰かを愛するとき、人は力があふれてくるのを感じます。ただそうした力のなかには、相手に強さを見せようとする力や、相手を支配しようとする力も含まれてしまっています。こうした力が適度に発揮できればよいのですが、過度に発揮された場合や、逆に発揮できなかった場合、愛は憎しみや攻撃に変わります。恋愛がらみの暴行、傷害、殺人といった、これまでクライム・オブ・パッションと呼ばれてきた犯罪を引き起こすのも、そうしたコントロールできない力だといいます。

ときに暴走しそうになるこの力を抑えようとするなかで、憎しみは消え、愛は深まるものでもあります。だから、そうした努力ができない、もしくはしようとすらしない人間は、本能に従うただの生命体にすぎないのだとド・グレーフは言います。とくに未熟であればあるほど、人は恋愛において暴力的になりやすく、相手を肉体的・精神的に傷つけてしまうのはそのためだといいます。

こうして起こる犯罪は、大きく二つに分かれます。一つは、発覚しないように細心の注意を払って計画された犯罪です。この種の犯罪は、たしかに恋愛感情がきっかけとなっています。しかし、これから紹介するようなクライム・オブ・パッションの心理とは違い、情熱的なようでいて、あくまで功利的な犯罪です。

もう一つは、ド・グレーフの言うところの真のクライム・オブ・パッション（真にパッションによる犯罪）です。そこには功利的なところは少しも見られませんし、計画性があったとしても、あくまで犯罪という目的を完遂するための計画にすぎません。身を守るために犯人が打算を働かせることはないし、しでかしたこととの結果から逃れようとすることもありません。計画性のありなしというのが、きわめて判断の難しいものであることがわかるでしょう。

ところが、1810年のフランス刑法典でも、その後のベルギー刑法典でも、重点が置かれていたのは表面的な計画性（予謀）のありなしでした。たとえば被害者のために救急車を呼んでいたり、裁判で「殺すつもりはなかった」と言ったりした場合、後悔しているとみなされ、刑は軽くなる傾向にありました。ド・グレーフからすれば、これでは犯行の現実面しか見ていないことになります。犯行の心理的な面は無視されてしまっているのです。

実際のところ、犯人のなかには犯行後に食事をしてぐっすり眠った人もいたし、「ついにあいつを撃ってやりました」と警察に報告しにいった人もいました。彼らに後悔しているようすは見られませんでした。それは、やましさを感じつつ犯行に及んだのではないから、より正確に言えば、自らを正義と思いこんで犯行に及んだからでした。後悔のなさは、モラルのなさではなく、思いこみのなかにまだ居続けていることの証だったのです。

一方には、行為の結果から逃れるべく入念に準備をし、誰にも気づかれずに相手を殺した人間。他方には、極度の混乱状態のなかで準備をして相手を殺害したものの、自分が罪に問われることまでは考えられなかった人間。どちらも犯行だけを見れば、計画性があるということになるでしょう。しかし自分にとって不都合な人間を消す犯罪と、自分では正義の行為と思いこんでいる犯罪とは分けて考えなければなりません。

つまり刑罰も、計画性の有無や、犯人がいまここで見せている言葉や態度だけでなく、犯行前、犯行中、犯行後のようすまで考慮に入れたうえで科されるのがよいということになります。相手に危害を加えたいという願望が、いつ、どのように生まれ、どのように発展していったのかを再構築しなければ、犯罪も犯罪者も理解することはできず、結果として効果的な刑罰を与えることはできないのです。

リダクションプロセス

とくに一つの恋愛が終わるとき、そこにはまずリダクションプロセス（processus de réduction）が現れるといいます。

réduction には、減少、還元、単純化といった意味があります。愛していた相手をもう愛せなくなったとき、それまで相手に抱いていた、まるで神や女神を崇めるかのような気持ちは失われます。相手の価値は「減少」してゆくのです。

それに反比例するかのように、いままで気にしてこなかったものの価値が再評価されるようになります。たとえば自分の評判や、自分のための時間や、見ないようにしてきた相手の欠点です。

多くの場合、再評価されるのは相手のために使ってきた金であるといいます。「男は失った女よりも、女のために使った金を惜しむ」とはよく言われる言葉ですが、ド・グレーフによれば、金を惜しむのは相手と自分の境目がはっきりしてきたからだといいます。恋愛がらみの犯罪の多くが金銭問題から始まるのはそのためです。

このとき、劣等感も大きな役割を果たします。自分の体や顔のどこかが嫌いだったり、まわりは気にしていなくても本人にとっては深刻な問題だったりすることはあります。そんな劣等感を持つ人間にとって失恋は、一般的な失恋の域を越えてしまうことがあります。それも相手から切り出されての失恋であった場合、本人は、捨てられたとか恥だと感じ、本人いわく真剣な交際であった場合には、契約違反がなされたとさえ思ってしまうのです。

数ヶ月、ときに数十年のあいだ、誰かに金と愛情をつぎこんできたとしましょう。それなのにある日、関係の解消を切り出されます。裏切られたと相手を責めることでしょう。けれども相手は思い直してはくれません。このとき、相手を再評価して関係を続けようとする人もいるでしょう。自分自身を再評価して相手と縁を切る人もいるでしょう。

しかし、金銭的な苦境などから金を強く評価していたり、劣等感ゆえに怒りが収まらなかったりした場合、未来の犯人は返金を迫るか、使った金の対価を求めるといいます。愛していたはずの相手は、もはやあらゆる魅力が「減少」した存在であるばかりか、最初から自分をだます気だった詐欺師に「還元」され、罰を与えなければならない存在に「単純化」されているのです。要求は次第に脅しになり、警察を呼ぶ事態に発展することもあります。それでも当の本人は、司法や正義を口にするのです。

こうしたリダクション（減少、還元、単純化）の先には何が待っているのか。相手のことを愛せなくなっただけでなく、取られたものを取り返さなければならないというのは深刻な状況です。しかもその状況は、二つの結末に向かって、否応なしに引っぱられてゆくといいます。一つは自分を破壊する自殺、もう一つは自分を守る他殺です。

このうち最初に表面化してくるのは自己破壊願望のほうだといいます。ド・グレーフによると、恋愛がらみの殺人犯の35％がまず自殺を考えるといいます。ところがやがて、一人ではなく一緒に死のうとか、相手を殺した後で自分も死のうという考えに変わってゆくのです。とくに自殺願望は15日以上続くと、他殺願望に変わっていました。犯行後も15％が自殺（多くは未遂）を図っていました。

この自殺と他殺という結末が、リダクションプロセスの後に用意されているのです。そこへと至る感情は、どれだけ非論理的・非道徳的なものであっても、正当化され、繰り返され、積み重なり、確固たるものになってゆきます。そして本人が疲れ果て、すべてに無関心になったころ、事件は起こるのです。

2-6　犯罪生成プロセス

改宗に至る心理

だからと言って、なぜ殺人まで犯してしまうのか。その理由を探るなかで、ド・グレーフの目にある研究が留まります。パリ大学神学部教授ラウル・アリエーによる、『非文明人の改宗の心理』（1925）です。キリスト教以外の宗教を信仰する人々が、宣教師との出会いを通じてキリスト教に改宗する過程を追った研究でした。

改宗とは、人間にとって重大な行為です。しかも別の神が信じられている社会において、改宗は反社会的行為にもなります。それほどまでにエネルギーもいるし、リスクもあるのに、なぜ人間は別の宗教の信者になるのでしょうか。その心理は、同じくエネルギーもリスクも要する反社会的行為、犯罪へと向かう人間の心理の解明にヒントをくれるのではないかとド・グレーフは期待したのでした。

アリエーの研究は二巻に分かれており、第一巻では非キリスト教徒がどのような心理プロセスで改宗するかが説明されています。続く第二巻では、信仰を保たせるためにはどうしたらよいか提案されています。ド・グレーフはおもに第一巻を参考にすることにしました。

改宗には、ヴェラニ（自ら宣教師に近づきプロテスタントに改宗した19世紀のフィジーの若者）のような意識的な改宗もあれば、自覚しないで起こる改宗もあります。アリエーが研究したのは、この無自覚の改宗でした。

改宗とは、出来事自体は一瞬ですが、それなりの準備期間を要する行為です。その準備期間のなかで、新しい自分がゆっくりと形成されてゆき、それまでの自分と対立するようになるのです。それまでの自分は、新しい自分が形作られることにも、新しい自分が前面に出てくることにも抵抗します。その対立のなかで、ときに少しずつ、ときに突然、それまでの自分に新しい自分が取って代わることになるのです。[16] この対立のなかでまず現れるのが「無効の同意（assentiment inefficace）」であるとアリエーは言います。

非キリスト教徒のなかには、宣教師の話を聞きながらうなずく人がいます。必ずしも本心からではなく、礼儀からかもしれません。宣教師に「同意します」と言ってくる人もいます。いくつかの地域では、新しいことを始めるときに「同意する」という言葉を使うからです。つまりうなずいたり「同意」という言葉を口にしたりするからといって、宣教師の言っていることに完全に賛同しているというわけではありません。同意はいわばまだ無効の段階にとどまっているのです。

それでも宣教師との交流を繰り返すなかで、非キリスト教徒は、話を聞くだけの受け身ではなくなってきます。自分がどこかへいざなわれているのを感じ、抵抗しなければならなくなっているのです。内なる戦いは、すでに火蓋を切っているのです。

第一段階：無効の同意

改宗は、キリスト教徒の側からすれば非常に好ましい行為です。それなのに改宗する人と罪を犯す人が似た心理プロセスをたどると仮定するのは、宗教界から疑惑の目で見られていたド・グレーフには勇気のいったことでしょう。

ですが、それまで何の問題もなく生きてきた人が別の宗教に心動かされるように、それまで何も問題を起こさなかった人でも、誰かがいなくなってくれればと考えることはあります。

そうした考えは、たいてい知らないうちに消滅するけれども、ときとして残り続け、実現に向かってしまうことがあるのです。

ド・グレーフが調べたところ、重大事件のうち、着想から犯行までの時間が3時間以内であったケースは、全体の3分の1以下でした。残りの3分の2は、3時間以上、ときには数年後に起こっていたのです。つまりその3時間から数年の間、犯人のなかで、誰かを殺すという考えは持ち上がるたびに打ち消されていたということになります。

車好きのド・グレーフは、車を買うときのことを例に挙げています。知り合いの車談義を聞くなかで、「車を持つのもいいかもな」と思うようになります。事故の話を耳にすれば、「やはりやめたほうがいいのかもしれない」と思うでしょう。それでも、ときに否定されながら、車を買う決意は少しずつ育まれてゆくのです。こうして車を購入するに至ったとき、まわりは「突然」大きな買い物をしたと驚くことでしょう。大きな決断をする前には、心のなかで結晶化が起こっているのです。

「無効の同意」はその第一段階です。改宗も犯罪も、所属する社会に逆らう決断であることから、第一段階には長くとどまることがあります。この間、非キリスト教徒であれば、「改宗までする必要はないだろう」とか「もう少し先でいいだろう」と自分に言うでしょう。それは、「こんな大それたことをできるわけがない」という思いの裏返しでもあります。すべては自分にかかっているということは薄々わかっているのに、待てばなんとかなるのではないかと期待して、いまはほんの少しの努力で済むようなことでやり過ごそうとするのです。

　非キリスト教徒が教会に入ってみたり、洗礼を受けるそぶりを見せたりするのはそのためだといいます。そのようすを見て、新米の宣教師であれば喜んでしまうことでしょう。でもそれは無効の同意、本人の側から言えば「あいまいな同意（assentiment mitigé）」にすぎません。このように第一段階は、心のなかに何かしらの考えの核が入りこみ、結晶化しようとしているのをぼんやりと感じ、その結果について考えてみなくもないけれども、まだたいしたことではないと思っている段階なのです。

　このときの非キリスト教徒を殺人犯に置き換えてみるとどうでしょうか。きっかけはいくつかあるといいます。誰かが亡くなる夢を見る。誰かの死亡通知を受け取る。誰かの葬儀の鐘（日本ならば告別式の車のクラクション）を聞く。交通事故や炭鉱事故（労働災害）の報道を目にする。殺人に関する三面記事（ニュースや週刊誌）を読む。こうしたとき、誰かに対して、それまで意識しないようにしていたことがよみがえり、こう思ってしまうのです。「これがあいつの身に起これぱよかったのに」「いい人に限って早く亡くなってしまう。それに対してあいつは……」

第一段階で止めるには

実際には、とくにクライム・オブ・パッションとされる犯罪の場合、行動そのものよりも行動によって感情を満たすことが目的であるため、相手が病気や事故で死んでしまっても満足することはないといいます。

それに、大部分の人のなかで、他殺願望がこれ以上ふくらんでゆくことはありません。相手に対する思いやりや、自分を大切にする気持ちが止めてくれるからです。

世間でよく言われているジョークなども、このとき役に立つといいます。ジークムント・フロイトも集めていた、配偶者についてのジョークは、ときにユーモアをもって、ときに生々しく、人の死や他殺願望を語っています。たとえば次のようなやり取りです。

「喪服を着ていらっしゃるんですね。ご不幸ですか？」

「いいえ、不幸なんかじゃありません、妻が死んだんです」

もしくは、

「だんな、奥様に花はどうです？　いい香りで満たしてあげては？」

「え？　防腐処理（embaumer ＝香りで満たす、防腐処理をほどこす）？　いらないよ、あいつは土葬じゃなくて火葬にするんだから」

これらのジョークに触れたとき、プロセスの第一段階にある人はこのように感じるはずだとド・グレーフは言います。

「これは特殊な状況ではない、みんなだいたいこんなものなんだ。さっき浮かんだあの考えだって、みんな考えることなんだ。でももし本当に実行したとしたら、こういう冗談は不謹慎だということになる。つまりそれだけ実行する人が少ないということなんだ。誰もこんなことで立ち止まったりしないんだ。むしろ立ち止まっていたら、相当変なやつだということになってしまう」

昔からあるジョークは、いずれも非現実的でばかばかしいものではあるけれども、それだけに、自分が育もうとしていた考えがどれだけ現実離れした愚かなものであるかをわからせてくれるというのです。

第二段階：有効な同意

非キリスト教徒の改宗に話を戻しましょう。無効、ないしはあいまいな同意の段階にとどまる心のなかで、戦いが始まりました。本人がその戦いを指揮することはできません。次々に現れてくるあらゆる感情に、むしろ本人は翻弄されています。何かがのしかかっているのを感じ、食欲が減り、不眠に悩まされ、苦しんでいることが傍目《はため》にも気づかれるほどです。宣教師がもたらした考えに抵抗するために、新たに妻を娶《めと》るなど、もとの宗教に忠実な行動を取ることもあるといいます。

　いずれ心を決めなければならないことは、本人にもわかっています。ただ、自ら決心するというのは非常に大きなエネルギーを要するため、そうせざるをえないような、のっぴきならない事態が起こることをひそかに望んでいるのです。行動するまでには至っておらず、あいかわらず決定的瞬間は先延ばしにされているものの、非キリスト教徒はいわば「有効な同意（assentiment efficace）」の段階に進んでいるのです。

　では未来の殺人犯は、このときどのような心理状態に置かれるのでしょうか。第一段階で感じた「あいつが消えればよかったのに」という、それ自体ありふれた思いは、第二段階では「あいつを消すのは自分かもしれない」という予感に変わるといいます。本人の目線で言えば、犯行に対する「明確な同意（assentiment formel）」がなされるのです。ただ、その考えを実現することはまだありません。自分がやらなくてもいつか相手は死ぬだろうと考え、問題を直視することを避けようとするのです。

それでもプロセスは進行し、「あいつを消す」という考えに賛成する感情と反対する感情が絶えず戦うようになります。相手の欠点や過ちが誇張され、相手の人格が単純化されてゆくのはこのときです。それでも「さすがにそんなことをしていいわけがない」とか、「いままで積み上げてきたものを捨てる気か」といった思いが、ときに正当化されてしまいそうな考えに抵抗させてくれるのです。

第二段階で止めるには

この段階では、まだいくらでも後戻りすることができるといいます。ド・グレーフはある知人男性の、犯罪ではなくアバンチュール未遂の例を挙げて説明します。この男性は、女性を乗せて車を運転していました。二人とも配偶者がいる身でありながら惹かれあい、ちょうど一線を越えようと決めたところだったのです。しかしそのとき信号無視をしてしまい、警察官に止められます。男性はふとわれに返り、女性との関係を思いとどまることができたのでした。どのような行為にも大なり小なりプロセスがあるのであって、何かのきっかけでそのプロセスに気づくことができれば、途中で止めることは可能なのです。

それに、非キリスト教徒の場合と同じように、第二段階に入ると、ようすが違うことに周囲も気づくようになります。態度や行動に変化が生じるのです。その変化とは、それ自体反社会的なものではないし、論理的におかしなものでもないかもしれません。ただ、先ほどの信号無視の例のように、いつもより大胆になったり、向こう見ずなことをしたりするのです。突然見せるようになった大胆さは、仕事においては評価されるかもしれませんが、実際にはそれまでの自分から解放されつつあることの表れでもあるのです。

そうした変化がもっともよく見られるのが言語だといいます。犯罪を生業とする人々は、犯行を容易にしたり仲間を見分けたりするために隠語を使います。しかし、ド・グレーフによれば、隠語には心理的な面もあるといいます。ある言語を受け入れるということは、その言語が体現する理念や行為を受け入れるということでもあるからです。つまり隠語は、それを話す人が犯罪ぎりぎりのところまで進んでしまっていることを示してくれるのです。

実際、何人かの殺人犯は、被害者に話をするときや被害者について語るときに、それまでなら絶対にしなかったような軽蔑的な呼び方を、犯行の少し前からするようになっていました。ふつう、人は人を辱めたりなどしないものです。そのため、こうした呼び方は、それまで保たれていた人としての基本的なありかたが捨て去られてしまったことを表す指標になりうるのです。また、犯罪へと至る心理プロセスは、犯そうとする行為のレベルにまで無意識に人格を下げてゆくプロセスでもあります。その点において言語は、指標であるだけでなく、仲介をなすものでさえあるのです。

第二段階での暴発

第二段階は、最終的な段階ではありません。けれども、このまだ決心すらされていない段階で、何らかの偶然や酩酊状態のなかで、相手を殺すという考えにチャンスが与えられてしまうことがあります。もちろん、心の準備も犯行の準備もされていないため、たいていは失敗に終わります。後先考えない殺人未遂や、助けられるはずの相手を助けないといった不作為による殺人未遂のなかには、この第二段階での暴発が含まれているといいます。

ド・グレーフは、実際の例ではなく、架空の例を挙げています。フランソワ・モーリヤックの小説『癩者への接吻』終章[17]（１９３３）に描かれている出来事です。

『癩者への接吻』（１９２２）では、金はあるものの見た目に悩む男が、美しい女性ノエミを妻に迎えます。しかし、妻を苦しめたくない彼は、結核患者と接することで意図的に病に感染して死んでしまいます。10年後に出た終章では、その後ノエミが、病気がちで厄介な舅《しゅうと》の面倒をずっと見てきたことが明らかになります。あまりの辛抱強さから、ノエミは聖女と呼ばれるほどでした。

しかしある日、舅に薬を飲ませなければならないというのに、ノエミはなかなか帰宅しません。じつは少し前から、舅が死んだらどうなるか意識するようになっていたのです。ようやく帰宅したノエミでしたが、いつものように舅の食事制限につきあうのではなく、自分の好きな肉料理を舅の目の前で食べます。我慢できなくなった舅は一緒に食べ、酒も飲んでしまいます。そして頭痛がしてきたといって、自分をそそのかしたノエミを責め、就寝前の必需品である芥子泥《からしでい》を取りに行くよう命じたのでした。

> ノエミは舅をじっと見た。たしかに頬が紅潮していた。鼻の穴や頬のあたりの血管は青くふくれていた。肩掛けをはおり、ノエミはランプを持った。冷えきった階段で、ふと憎しみとも言えるような激しい苛立ちに囚われた。洗面所に入ると、薬棚の前で、不意にノエミは何かためらうようなそぶりをした。それでも扉をあけると、ガラス瓶があるなかに、芥子の包みがあるのが見えた。一瞬悩んで、棚を閉めると、取りにきたものも取らずにノエミは客間に戻った。そして客間の入り口で、芥子はもうないと舅に言っ

たのだった。

「芥子がもうないだと」

舅は明らかにえんじ色をしたその顔をノエミに向けた。

「よく探したのか？　早く召使いを薬局に行かせるんだ」

「でも今日は日曜日ですお義父さま、薬局は閉まっています」


こうして肉を食べ、酒を飲み、そのうえ芥子泥を塗らないまま、舅は寝にいきました。ノエミも自分の部屋に上がりますが、舅に異変が起こらないか、息を殺してうかがいます。


とそのとき、音がした。うなり声のような、窒息してまた息をしているような、そう、あえぐ声だ。

「いいえ違うわ、いびきをかくことがあるもの。いびきよ」とノエミは思った。

それでもノエミは喜びにふるえた。恐ろしい、しかし抗えない希望が押し寄せてきた。

数秒、それとも15分ほどあっただろうか、彼女はまるで硬直してしまったかのように動かずにいた。彼女の持つすべての力が、この不安な喜びに、この期待に身を明け渡していた。しゃっくりのようなものが聞こえたのを最後に、後はもう何も、広間の大時計の音と耳元で脈打つ自分の血の音しか聞こえなかった。[18]

あまりの静けさに、ノエミはだんだん不安になってきて、舅の部屋に向かいます。しばらくためらった末にドアを開けると、何のことはない、舅はぐっすりと眠っていました。ノエミは深くためいきをつくと、舅に布団をかけてやり、そっと部屋を出ていったのでした。

ノエミはかなり長いこと第一段階と第二段階の間にいたのではないかとド・グレーフは推測しています。その間にいろいろな出来事が積み重なり、あの晩ついに「彼を殺すのは私だ」という明確な同意をノエミは自覚するに至ったのです。

舅が真似するだろうとわかっていながら、ノエミは肉と酒を堪能しました。芥子がないと嘘もつきました。でも一人になって、静けさのなかで、自分が舅の死を望み、そのために行動したことに気がついたのです。結局舅は死んでいませんでしたが、ノエミのなかの殺意は一種の等価物を得て消滅したのであって、ふたたび第二段階を越えることはもうないだろうとド・グレーフは言っています。

第三段階：危機

改宗への段階を歩んできた非キリスト教徒は、ついにもとの文化や風習を克服します。それでもまだ、自発的に動くには至っていません。改宗することを、もはや否定はしないものの、依然として先延ばしし続けるのです。ここまでなしてきたことに比べれば、これからなすべきことはほんの少しであるとアリエーは言います。それでもやはり、何かしらのチャンス、口実、呼び声のようなものを待っているのです。

というのも本人は、繰り返されてきた内なる戦いに疲れ果て、自分の無力を確信し、絶望しきっているからです。もう戦えず、考えることもできない、いわば内的な死を迎えているのです。この段階を、アリエーは「危機（crise）」と名づけています。

ただし crise には発作という意味もあります。何も警戒できていないこのときに、突然、自分に迫り自分を満たしてゆく大きな流れのようなものがやってくるのです。地に伏していたこの非キリスト教徒がふたたび立ち上がったとき、その人はもう非キリスト教徒ではなくなっているとアリエーは言います。

改宗ではなく殺人に向かう人間も、この第三段階に入りこんでしまうことがあります。そのときこの段階は、「やはり自分があいつを消さなければいけない」という言葉に集約されるといいます。

ですが、相手の死という基本方針が認められても、それにともなう危険や、名誉を失うことへの覚悟ができたわけではありません。そのため、未来の殺人犯も非キリスト教徒と同様に、何かが後押ししてくれないか、「もはやこれまで」と思わせてくれないか、後には引けない状況に陥らせてくれないかと、ただひたすら待つのです。猛獣を調教するときには、あと一歩進んだら牙を剥く「危機的距離」が意識されるといいますが、このこともふまえて、ド・グレーフも第三段階を「危機＝発作（crise）」と名づけています。

本人はこのとき、不安定であると同時に過感受性の状態にあります。さまざまな不調のなかで、「生きている限りあいつは自分にこのような思いをさせるのだ」と感じ、相手に対する非難はますます高まってゆくのです。こうなると、発作は時間の問題です。そしてついに、新しい自分が勝つというよりも、それまでの自分が新しい自分に譲歩するのです。自分のなかで長らく停滞していたためらいとは対照的に、諦めと賛同とが一気に心のなかを駆けめぐるのです。

もちろん、これ以上進むまいとする人はいます。それでもこの段階まで来てしまうと、考えれば考えるほど最終的な行動に近づいてしまうといいます。仮にプロセスを止めることはできても、プロセスから本人を解放するには時間がかかるのです。

犯行を後押しするもの

では、何がこの人を後押しし、「もはやこれまで」と思わせ、後に引けなくしてしまうのでしょうか。

過感受性の状態、それも殺人を正当化する理由を無意識に探している状態では、たいしたことのない出来事も、まるで決定的な出来事のように誇張されてしまいます。いつもならなんということのない友人からの皮肉や、相談を受けた警察官の不用意な一言が、思いがけない影響を与えうるのです。

とくに注意しなければならないのが、酒を飲んでいる人や普段から強がっている人、それにもともと感受性が強い人です。酒を飲んでいる人はアルコールのせいで、強がっている人はコンプレックスのせいで、いっそう過敏になっています。もともと感受性が強い人はというと、常日頃からまわりの理解を得られずにおり、攻撃されることに怯えています。そうした日々を送ってきただけに、自分を愛してくれる（ように思える）相手を、全身全霊で愛そうとします。その相手が、いまやかつての面影を残さないほどに単純化され、ひどい言葉で呼ばれ、殺すきっかけを探されているということになるのです。

実際、多くのケースにおいて、犯人を動かすのは被害者の言動でした。それは、いつもの口論の後にとどめとして加えられた言葉だったかもしれませんし、被害者としてはようやく取ることのできた毅然とした態度だったかもしれません。それでも「あいつがそうさせたんだ」と言える状況を待ちかまえていた人にとっては、「花瓶をあふれさせる最後の一滴」となってしまうのです。

ほかにも、絶望しているときや命の危険があるとき、人は心のバランスを保つためにその状況に適応しようとします。危機的な状態にあればあるほど、無関心に、無気力になってゆくのです。それなのに、何に対しても投げやりで、人間関係をも疎んじるそのようすは、被害者だけでなく周囲からも、心配されるどころか非難されたり解雇のきっかけになったりします。こうして社会的圧力がなくなると、それまで抑制されていた感情や力も解き放たれやすくなります。つまり被害者も周囲も、犯行が起きやすい状況作りに、意図せず貢献してしまうことがあるのです。

とくにクライム・オブ・パッションと呼ばれる犯罪の場合、自分を守るための他殺に先立ち、自分を破壊する自殺（未遂）が見られるものです。第三段階で目につく怠惰なようすは、自殺願望の表れということにもなるでしょう。「自殺すると言うやつほど自殺しない」と軽んじるのは危険だと、ド・グレーフは警鐘を鳴らしています。むしろ自殺の多くは予告されていると考えるべきなのです。

とくにそれが殺人の心理プロセスにある人だった場合には、相当の注意が必要になります。傍目に自殺めいた行為が見られなくても、内的な自殺はしているかもしれないからです。ド・グレーフも繰り返しているように、自殺願望が他殺願望に変わるには15日間しかないのです。

2-7　ケース・スタディ

何度も発砲した殺人未遂

この犯罪生成プロセス理論の有効性を測るべく、ド・グレーフは実際に起きたいくつかの事件を分析することにしました。五つほど紹介しておきましょう。

一つめはGという青年の事件です。1922年秋の夜、21歳のGは愛人女性と共謀のもと、女性の夫であり自分にとっては恩人でもある男性を「となりの畑のじゃがいもを盗みましょう」と言っておびきだしました。そして、畑に着くと恩人に向けて拳銃を数回発砲したのです。ただ、いずれも致命傷にはなりませんでした。

未遂に終わったものの、Ｇには懲役15年の判決が下されました。犯行現場に畑を選んだのは隣人に疑いがかかるよう計算してのことだったし、すべてが済んだら愛人女性と結婚する計画を立てていたことも重視されたからです。犯行は完全に計画的で、被害者が助かったのはまったくの偶然との判断でした。

実際のところＧの、というよりＧと愛人の犯罪生成プロセスは、かなり昔にさかのぼります。二人が愛し合うようになったのは、第一次世界大戦後の混乱期のことでした。戦地から戻ってこない夫は、死んだものと思われていたのです。その夫が帰ってきたことで、二人のなかに、「まさか生きていたなんて」「死んでいればよかったのに」という思いが生まれたのです。このとき二人はすでに第一段階に入っていたことになります。

しかも夫は妻に暴力を振るっていました。愛する女性を支えるために、Ｇは関係を続け、ついに駆け落ちを提案します。すると彼女は、駆け落ちではなく夫の毒殺を持ちかけたのです。毒では疑われるからと、さまざまな方法を探るなかで、二人は有効な同意ないしは明確な同意の段階を足早に通過していったのでした。

それでも殺意への適応は、第三段階を経て完遂されます。Gはなかなか決意が固まらず、彼女に急《せ》かされました。拳銃という武器を持っていながら、動いている相手に離れたところから発砲したことは、犯行の瞬間でさえ相手を殺す決心ができていなかったことの表れなのかもしれません。

つまり、行動に計画性があったことだけを理由とした判決は、ド・グレーフからすればとても妥当とは思えなかったのでした。

差別的なあだ名で呼ばれた男性の犯罪

１９３０年、農場を経営する女性が殺害されました。犯人はこの農場に勤務する男性で、20年の懲役刑となりました。

判決にあたっては精神鑑定も行なわれました。しかし担当した医者は、骨の病気があるこの男性が、これまで差別的なあだ名でしか呼ばれてこなかったことには触れていませんでした。そうしたあだ名を、この男性はずっと受け入れてきたのです。初等教育を終えて働き始めた工場では、からかわれても仕事に来ることから、尊敬されるようにすらなっていました。

30歳のとき、男性は18歳年上の被害者と知り合います。二人は関係を持つようになりますが、男性は彼女のことを、敬意をこめて「マダム」としか呼びませんでした。何も知らない被害者の夫は、男性のことを妻の友人だと思い、農場の仕事を任せることにします。こうして男性は20年も勤めた工場をやめ、被害者宅に住みこみで働くようになったのでした。

しかし、約束されていた賃金は支払われず、チップしかもらえない日が続きます。男性は工場に戻ることを考えますが、そこに自分の席はなくなっていました。長年かけて築き上げた居場所から切り離され、被害者からもだまされた形となった男性は憤慨し、わざと怠けるようになります。そんな男性を見て、被害者も農場関係者も、皆「役立たず」と言ってはばかりませんでした。

やがて男性は自殺を考えます。しかし、死ぬなら二人のほうがいいと、被害者に心中を持ちかけて、鼻で笑われてしまいます。事件当日には、被害者の夫を窃盗犯として告発するための偽の書類も所持していました。そしてついに、荷物をまとめて出ていけと被害者から言われて、男性は彼女を斧で殴ります。その後、自分も死のうとしたものの、すべての力を使いはたしてしまったのか、かすり傷しか負うことができなかったのでした。

ド・グレーフからすれば、事件は犯人の生い立ちと人生に自殺と殺人のプロセスが絡みあったもので、判決はその点を十分に考慮していませんでした。せめて男性が肉体労働を免れることができるように取り計ろうとしましたが、賠償金の支払いが残っているという理由から、男性は申し出を断ったのでした。その後１９４０年から１９４１年にかけて、食糧難と記録的な寒波による低体温症で男性は獄死しています。

自殺未遂からの殺人

次のケースでも、犯人は被害者を殺害する前に自殺を試みています。

Ｎは夫のいる女性と関係を持っていました。ところが１９３８年、その女性が妊娠してしまいます。夫に知られたら大変なことになると、女性はＮに夫の殺害を持ちかけました。ちょうどＮに婚約者ができたことを人づてに聞いたところだったので、一緒に罪を犯せばＮも離れていかないだろうと思ったのです。

Ｎは殺人など考えもしませんでした。女性は第二段階に進んでいたかもしれないけれども、Ｎは第一段階にすらなかったのです。煮えきらない彼の態度に女性は、「夫を殺してくれないならあなたの婚約者にすべてを話す」と言い出します。絶望したＮは自殺を試みますが、死にきれません。看病しようとする女性に対し、Ｎは「自殺するほど悩んでいるんだから別れてくれ」と泣きつきましたが、彼女の態度は変わりませんでした。

　自殺未遂は、仮にかすり傷で済んだとしても、心に大きな影響を残します。しかも自殺を試みた人は、自分が死んだらどうなっていたかを、まわりの反応から測るともいいます。女性のようすを見てＮは、自分が死んでも気持ちはわかってもらえないこと、何より死ぬのは愚かだということを理解したのでした。

　Ｎは女性と別れました。すると、あなたを殺すという脅しの手紙が来ます。「こんなことを繰り返せばこっちが殺すぞ」と言ったところ、女性は警察に訴えます。こうして警察に呼び出された帰り道、Ｎは銃弾を購入し、女性とその夫に向けて発砲したのでした。自殺の失敗に加えて、警察に呼び出されたことが、「もう後がない」とＮに思わせたのだろうとド・グレーフは推測しています。

　数日後、女性は搬送先の病院で亡くなります。「これで状況が悪くなったぞ」と判事が言うと、すでに自殺未遂まで起こしたことのあるＮはこう答えたのでした。

「2年の服役も一生の服役も、僕にはもう同じことです」

弱気な男性の荒々しい犯行

殺人へと至る心理プロセスのなかで、人は信じられないような凶行に出ることがあります。それがＬのケースです。

34歳のＬは独身でしたが、数年前から友人の妻と関係を持っていました。友人は妻に対して日常的に暴力を振るっていて、そのことが二人を結びつけたきっかけであり、関係を続ける口実にもなっていました。しかし彼女は妊娠します。夫の子どもだとはごまかせない状況でした。１９３３年冬、Ｌはたまたまこの友人と道で会います。そして仲良く話をした後で突然、相手の頭を鈍器で何度も殴って殺害したのでした。凶器は、なぜか所持していたドアノブでした。

きわめて荒々しい犯行にもかかわらず、刑務所でド・グレーフが目にしたＬは、体も心も弱々しい男性でした。面会を繰り返すなかで、ド・グレーフはＬの心を再現してゆくことになります。

友人の妻との関係は、誰にも気づかれずにいました。彼女が妊娠したときも、友人に謝ればなんとかなるだろうというのがＬの考えでした。しかし、日頃から夫に暴力を受けている彼女は、夫の怖さを知っているため気が気ではありません。事件の2ヶ月前、彼女は「夫が死んでくれたら」と言い出します。それからというもの、彼女は夫を殺すよう、Lを説得し続けました。

妊娠4ヶ月、下腹部のふくらみが目立ってきました。一両日中にも友人は気づくでしょう。事件の前日、Lは「やらなければ」と自分に言いました。それなのに当日、Lは武器を持たずにやって来たのです。彼女は武器になりそうなものを家まで取りに戻らせなければなりませんでした。

家に戻ると、Lは作業台の上にあったドアノブを取って彼女のもとへと急ぎました。そして道の途中で、友人と出くわしたのです。話をするなかで、やはり自分には友人を殺すことなどできないと思いました。ところが、そのとき友人が切り出したのです。「うちの妻と何かあるんだろう」。Lが思い出せるのはここまででした。何回殴ったか、友人が悲鳴を上げたかなども覚えていませんでした。

殺人はこのように、暴力的なものとなることがあります。しかし、犯人がそれだけ暴力的な人間だということにはならないとド・グレーフは言います。Lも、自分が犯罪に向かない人間だということは自覚していました。だからこそ徹底的にやらなければ失敗してしまう、そう無意識に判断したからこそ、これだけの凶行になってしまったというのです。犯行の暴力性は、犯人がどれだけ危険な人間かではなく、犯人にとって犯行の実現がどれだけ重要だったかを示すにすぎないのだとド・グレーフは説明しています。

家庭の暴君による犯罪

最後のケースは、これまでと違って、少しも同情の余地がないように思えるかもしれません。それは1925年、元炭鉱夫のBが起こした事件です。

2人の連れ子のいる女性と結婚したBは働き者と評判で、炭鉱のリーダーも任せられていました。ただ、上司の受けが良かったのはまわりに言うことを聞かせていたからで、下の立場の人間には暴力を振るうこともあり、そのせいでストライキも起きていました。家でも自分の考えを押しつけ、乱暴に命令し、家族を奴隷のように従わせていました。

そのうえ、義理の娘が14歳になったころから、Bは娘に恋愛感情を抱くようになります。やがて17歳になった娘が恋人と出歩いているのを見たBは、人前にもかかわらず騒ぎを起こし、家族のなかで孤立するようになります。

Bは炭鉱の仕事をやめ、酒を飲んで賭け事を始めました。ケチだったはずなのに、数日で大金を失うこともありました。これは一種の道徳的自殺であり、自殺の等価物だったのかもしれません。こうすれば家族も心配するだろうと思ったのかもしれません。しかし、家族からはもう帰ってくるなと言われました。家族に対するＢの権威は失われました。

事件の10日前のこと、Ｂは興奮したようすで警察署に現れました。娘が男と別れなければ何をするかわからないというのです。担当した警察官は怖くなって、娘を呼んで気をつけるように注意して終わらせました。父を恐れなくなっていた娘は、警察官の注意など気にもしませんでした。

事件の3日前、Ｂは拳銃を買いました。そして事件当日、家族とのいさかいのなかで拳銃を取り出し、自分に向けて引き金を引こうとしたのです。家族は笑い、息子はＢに物を投げつけました。するとＢは銃口を息子に向けて発砲しました。次に娘を追いかけ、撃ち殺します。最後に自分の頭を撃とうとしたものの、弾は出ませんでした。その後も貯水槽に飛び込んでみたり、高いところから飛び降りてみたりしましたが、自殺の試みはことごとく失敗したのでした。

判決にあたっては、これまでよく働いてきたことが考慮され、Ｂは情状酌量を受けました。しかしそんなことよりも、心のなかで5年も戦ったことのほうが考慮されるべきであるようにド・グレーフには思えました。義理の娘に恋愛感情を抱いたあげくに殺害するというのは、ド・グレーフから見ても二重におぞましいことでした。それでも、そんなおぞましい犯罪のなかにも、自殺や他殺の想念と戦い続けた人間がいたことは事実だったのです。

それにBの場合、娘への恋愛感情よりも、もともと支配欲が強かったことと、それにもかかわらず力を失ったことが大きく影響していました。ド・グレーフが調べたところ、犯罪生成プロセスを経て殺人まで至った人のじつに80%が、「戦わないやつは男ではない」といった前時代的な思いこみを抱いていました。「目には目を、歯には歯を」ではもはや何も解決しないというのに、殺してやると言っておいて殺さないのは弱さの印だとか、人を許すのは臆病者のすることだといったふうに勘違いし続けていたのです。

一連のケース・スタディから、ド・グレーフは、多くの事件に犯罪生成プロセスが当てはまることを確認しました。それとともに、殺人犯は世間で言われているように強くて恐ろしい人間などではなく、むしろ共犯者のそそのかしや相手の挑発を前に抗うことのできない、弱い人間なのだということを確信したのでした。

2-8　犯罪の医学的予防

外科治療に踏み切った経緯

　もちろん、理論を打ち立てただけでド・グレーフが満足するようなことはありませんでした。犯罪学者であるとともに精神科医でもあった彼は、こうした心理プロセスにどのように介入できるかも考えたのです。

　自殺であれ殺人であれ、何らかのプロセスのなかにある人は、自分が流されているという自覚がないといいます。事態を動かしているのはつねに自分だと思いこんでいるし、まわりにもそのように言われるからです。やめようと思えばいつでもやめられると思っているものだから、医者に相談することもありません。

　ところが、実際にはプロセスが進めば進むほど、自分ではわからない力に振り回されることになります。やがて精神科を訪れるころには、自分でできる努力はすべてしつくし、藁《わら》をもつかむ思いになっているのです。それなのに精神科医は、患者がこれまで必死に避けてきたことについて今更忠告をしたり、これまでさんざん行なってきた努力を勧めたりしていました。医者だからこそできること、しなければならないことが理解できていないのだとド・グレーフは批判しています。

そうは言ってもこのころはまだ向精神薬が使用されておらず、精神科治療といえば、鉄やマグネシウムやビタミンの投与といった「希望の域を出ない」治療か、さもなくば電気ショックやインスリンショック、それに外科手術しかありませんでした。なかでも外科手術は、「人格に対する暴行」だとして避けられるようになっていました。

それでも、人格を尊重するのだと言って病気の進行を見ているだけなら医者ではないとド・グレーフは言います。何らかの想念につきまとわれている人が望むのは、考えや行動の自由を取り戻すことです。ならば、いまある方法を使ってできるだけ早く自由を取り戻させてやるのが医者の仕事であり、それが患者の人格を尊重することにもなるのだとド・グレーフは考えたのでした。以下のケースでド・グレーフが、今日問題とされている方法に踏み切ったのも、そうした医学的状況と信念にもとづいてのことでした。

Ｐは、大学生でありながら放浪したいと言い出し、精神科に連れて来られました。あてどもなくさまよいたいというのは、青年期にはよくある思いです。しかし、話を聞いてみると、Ｐは恋人と二人だけで生きてゆきたいというのです。そんなＰに、恋人は愛想をつかして離れていきます。するとPは恋人をつけまわすようになったのです。

ある日、小さな女の子が行方不明になりました。直前にPに似た男が声をかけていたということで、警察はPを連行します。幸い女の子はすぐに見つかりました。どうやらPは女の子に手を出そうとしたのではなく、別れた恋人に手紙を届けてもらおうとしただけだったようでした。

しかし、Pはド・グレーフに衝撃的な事実を打ち明けました。かなり前から、別れた恋人を焼き殺したいという思いに悩まされているというのです。見知らぬ女の子に声をかけたことは、Pがその強迫観念に抵抗しきれなくなっていることの証でした。いつか実行してしまうのではないかと恐れるPに、ド・グレーフが行なうことができたのは、片側白質切截《せっせつ》術でした。いまでは薬での治療が一般的となっていますが、当時としてはもうそれよりほかに方法がなかったのです。幸い手術は成功したようで、Pは「僕に自由を取り戻させてくれた」とド・グレーフに感謝したといいます。

精神分析の難しさ

事件の前に介入できなかった場合、医者には別の仕事が出てきます。それは、犯人の治療を試み、再犯を防ぐという仕事です。

そのためにド・グレーフが目指したのは、事件前後の犯人の精神状態を把握することでした。犯罪生成プロセスやそれを助長したさまざまな要因を探り、事件を医学的・心理学的に描き直すのです。こうすることで、本人がいまプロセスからどれだけ抜け出せているのか、釈放しても大丈夫かどうかがわかるからでした。

この方法は、「患者の語る物語」の「医学的改訂版」を作り、診断を患者に返したうえでともに治癒を目指すという、キャサリン・モンゴメリーの言うところの「物語的療法」に近いものだったのかもしれません。この方法をモンゴメリーは、もともと精神分析の世界で行なわれていたものと説明しています。では、ド・グレーフも精神分析からヒントを得たのでしょうか？

実は精神分析について、ド・グレーフはかなり懐疑的でした。たしかにミシェル・フーコーも指摘するように、19世紀末、精神医学は精神分析の影響を受けました。しかし20世紀も半ばに近づくと、ド・グレーフのまわりでは、フロイトの名前を口にする人は誰もいなかったのです。

とはいえ、フロイトの権威が薄れていた当時も、精神分析療法が効果的だと考える医者はいました。そして深層心理を犯人に明かすことで再犯を防ごうとしていました。それでもド・グレーフには、精神分析は、二度と罪を犯したくないと本人が深く反省している場合にしか有効ではないように思えました。自らの行為を正当な復讐だと思いこんでいる場合、犯人は精神分析の結果を信じないか、逆に犯行が正当なものだったと結論しかねないからです。

第一、人間は葛藤を乗りこえて適応してゆくものです。それなのに精神分析家たちは、そうした葛藤を、病的な状態やコンプレックスとして説明していました。当然、精神分析を受けた人は葛藤を避けようとします。こうして自己中心的な精神性が身につき、ますます攻撃性が強まってしまうとド・グレーフは危惧したのです。

実際そのようなケースをド・グレーフは目にしていました。ある青年は、なかなか働き口が見つからずに困っていました。それを知った叔父は、自身が経営する工場に青年を呼んでくれました。ところがもっと自由に働きたい青年は、精神分析家に助言を求めます。その結果、自分は抑圧されていると思いこみ、叔父に辞表を提出したのでした。それでもあいかわらず仕事は見つからず、貯金は尽き、精神分析を受けることもできなくなってしまいます。最終的に青年は、自分に対して圧倒的な力を持つ叔父を恨み、叔父を殺すための犯罪生成プロセスに囚われてド・グレーフのもとを訪れたのでした。

再教育

とはいえ、精神医学ならば誰のことも治せる、というわけではありません。仮にプロセスから抜け出せたとしても、人間の人格がそう簡単に変わるわけではないからです。

そもそも刑務所は、治療や再社会化の場所である以前に、刑罰を受ける場所です。受刑者は自分がしたことの重大さを自覚し、刑罰が妥当であることに納得し、そのうえで反省しなければなりません。しかし、自分が正しいと思いこんでいたり、犯行前に自殺まで考えたりした人間に反省させるのは容易ではありませんでした。

そこでド・グレーフは犯人の家族に目をつけます。家族に会わせようというのではありません。面と向かったのでは、犯人は家族に非難され、よけい閉じこもってしまうからです。そうではなくて、犯人には家族のようすを、家族には犯人のようすを伝えようと考えたのです。仲介役は、刑務所で働くソーシャルワーカーが務めることになりました。優秀なソーシャルワーカーに当たった受刑者は、それまでどんなに拒絶していても、最終的に家族のもとに帰っていきました。

刑務所が単に治療の場所ではないことを理解していたド・グレーフは、受刑者が罪状ごとに分類されていることにも疑問を抱きました。病院であれば、病気ごとに患者を分けるのは効果的です。しかし、刑務所では受刑者自らが変わろうとしなければなりません。わいせつ犯が殺人犯を見て嫌悪感を覚えたり、逆に嫌悪感を抱かれたりすることも必要ではないかと考えたのです。それに人間は環境のなかで変化してゆくものです。もともと閉ざされた空間である刑務所で、関わる人間をさらに制限していったら、受刑者の環境はきわめて貧弱なものになってしまいます。

受刑者の再教育のためにはカテゴリーごとに分け、可能であれば一人にするというのが19世紀来のセオリーでした。しかし、独房はどうしても必要な場合にのみ使い、基本的にはいろいろな受刑者を混ぜることが再教育につながるのではないか、とド・グレーフは考えたのでした。

正常か異常か

精神鑑定のありかたにも、ド・グレーフは一石を投じようとしました。人間は初対面の相手に根拠のないイメージを抱き、直感的な判断をしてしまうものです。そんな第一印象に左右されずに、相手の人格や行動を客観的に捉えるべく行なわれる調査が精神鑑定のはずでした。

ところが、精神鑑定書に見られる犯人の姿は、シンプルを通り越して貧弱であるようにド・グレーフには思われました。精神鑑定は、被鑑定人が処罰の対象になるか、さらに言えば正常か異常かだけを測るものになっていたからです。鑑定人は、被鑑定人やその行動に対し、正常や異常といったラベルや病名のラベルを貼って、科学的に説明したつもりになってしまっていました。結果、ラベリングに直接関係しない情報はなおざりにされ、精神鑑定書は「モノトーンなステレオタイプ」になっていたのです。

精神鑑定ではＴＡＴ（何枚かの図版を見せて物語を問うもの）やロールシャッハテスト（インクを落とした左右対称の絵がどのように見えるか問うもの）などの心理テストが行なわれることもありました。これらは、たしかに人間の精神状態を示してくれるとド・グレーフも認めています。しかし、テストで判明した精神状態が、あくまで検査時のものにすぎないことは理解されていませんでした。

そのうえ心理テストを活用する鑑定人たちは、テストに頼りきっているようにも感じられました。納得できる結果が出ると、それだけで済ませようとしていたのです。ある心理学の教授などは、１９５３年の段階で依然としてロールシャッハテストだけを信じており、異常と思われた受刑者に対し、本来不要な電気ショックやインスリンショックを施そうとしていました。

そもそも正常と異常とは、はっきり区別できるものではありません。ド・グレーフも司法精神鑑定を任されたことがありますが、被鑑定人が正常か異常か問われ、「正常度は50％」と答えています。ある人が正常か異常か判断するのは、その人が性格的に１００％男性か１００％女性か答えるくらい難しいことでした。男性にも女性的なところはあるし、女性でも男性的な性格を見せることはあります。性のありかたはグラデーションであると今日では言われていますが、そのことをド・グレーフは半世紀以上前に理解していました。同じように正常と異常も、いかなるテストをもってしても線引きできないというのが、ド・グレーフの持論だったのです。

「現実」の復元

同じことは知能についても言えました。精神鑑定で行なわれるテストのなかには、知能を測るテストもありましたが、その結果、知能の痕跡が少しでも見られれば、その人は自分のしたことがわかっていて、さらには嘘をつける状態であると結論されていたのです。つまり知能もまた、「あり／なし」のいずれかと思われていたのです。

知能テストの点数が、障害と認定される水準をぎりぎり超えている受刑者もいました。こうした受刑者は、実際には知的障害者に近いわけですが、正常とされるグループのなかに入れられてしまっていました。こうして、ほかの人と同じことができると思われているし、自分でもそう思っているのに、どうしてもできないことばかりであることに苛立ち、傷つくことになるのです。彼らが犯した罪は、まさにこのような苛立ちから自分を守り、傷ついた自己を立て直すためになされたものだったかもしれないのにです。

知能とは本来、避けられない現実を前に、どれだけその状況に適応し、社会と両立しうる補償を見つけられるかを指すとド・グレーフは言います。つまり、知能を測るためには、補償ができたかできなかったか、できなかったとすればなぜできなかったのかを知らなければならないのであって、知能テストに合格したから正常、不合格だから異常と結論できるようなものではなかったのです。

それに人はときとして、主観的解釈から抜け出せず、客観的な判断ができなくなることがあります。現実そのものではなく、自分の理解した現実に反応してしまうのです。現実は、人によってさまざまに解釈できるものです。誰が見ても同じ現実を、ある人だけが違ったふうに認識するということはありません。むしろ現実をどのように、どのような経緯で認識したのかを把握することで、その人にとっての現実は理解されるべきなのです。体、心、育ち、物の見方といった基本的な要素が絡みあうなかで、その人は自分のことをどのように感じてきたのか。社会をどのようなものと見て、どのように折り合いをつけようとしてきたのか。誰かを理解するには、テストに頼るのではなく、その人を、その人の「現実」を含めて、さまざまな方向から復元してゆくよりほかないのでした。

責任という争点を越えて

しかし、なぜ精神鑑定では、被鑑定人が正常か異常かを問われたのでしょうか。それは犯人に責任があるのか、処罰してよいのかを判断するためでした。

このとき責任という言葉は次のように理解されていました。「この人は自分のしていることをわかっていたのか。してはいけないことだとわかっていたのか。したら罰せられるとわかっていたのか」。つまり、罰せられるようなことをしていると認識していた人間は、責任があったということになります。となると、責任がない状態というのは、自分が何をしているか、わかっていないときということになります。

しかし、医学的に言えば、自分のしていることがわからないほど精神が錯乱していなくても、精神に障害が起きている状態というのは存在しました。それに責任の感情というのは人間にとって基本的な感情で、知的障害者はもちろんのこと精神障害者でも覚醒状態なら持っており、病人のほうが強く感じることさえあるとド・グレーフは言います。

誰しも責任を感じている。とはいえそれは、誰にだって責任があるということにはなりません。考える器官が良好な状態で機能しているとき、人間は自分が自由であり、その行動には責任があると思っています。このとき、主観的な責任感情は実際の責任と合致していることになります。ところが、考える器官がうまく機能していないときでも、自分には自由が、責任があると思いこんだままでいることがあります。主観的な責任感情は、必ずしも実際の責任とは合致しないのです。

そもそも人は、「私」という主語を使います。欲望も衝動もそのための命令も、すべてが自分のものだと思っているから、「私は〜がほしい」「私は〜が嫌だ」「私は〜する」といった言い方をするのです。ところがド・グレーフによれば、そうした欲望や衝動や命令は、知性や感情や本能など数えきれない要素の組み合わせの結果、なかば自動的に下されている決定にすぎません。「私」はいつだって、つらいことや苦しみから逃れられるほうへと向かっているのです。つまり、まわりから見て、いくらおかしな生活をしている人がいても、その人の「私」にとっては、それがいまもっともバランスが取れている状態ということになります。生活様式のおかしさそのものではなく、そこでバランスが取れてしまっていることに問題があるのです。同じように、人が咎《とが》められるべき行ないをするのも、それがその人の「私」にとって最善と思われるからだ、とド・グレーフは言います。

そのような「私」に対しては、なぜその行ないを最善と思ったかを考えるべきであって、責任があったか、なかったかを問うことは、ド・グレーフからすれば不可能でもあるし無意味でもありました。ほかの学者たちも、より現実的な指標として、責任ではなく危険性（témébilité）を測ったらどうかと提案していました。危険性は、精神疾患が軽度ならば低く、重度ならば高いというものではありません。それに危険性という指標であれば、精神疾患のない犯罪者であっても、安全な状態になるまで社会防衛施設に閉じこめることができるし、逆に精神疾患があるからといって何が何でも社会防衛施設に送るのではなく、刑務所で服役させることもできるからです。

いずれにしても、いくら犯人が精神に問題を抱えていたからといって、人を殺したら社会的には殺人犯であるとド・グレーフは言います。まずは殺人に対する処遇をするべきなのであって、精神鑑定が必要になるのはその後でした。犯人について詳しく調査をし、疾患が軽度であれば刑務所併設の精神病院で対処し、重度であれば社会防衛施設に送るのです。

責任の有無を決めるだけの精神鑑定を続けることは、司法のためにも医療のためにもならないようにド・グレーフには思われました。逆に、本来の精神鑑定が行なわれれば、精神鑑定も、それにたずさわる医者や犯罪学者も、犯罪の解明だけでなく再犯の予防に貢献できるはずだったのです。

2-9　犯罪の社会的予防

子どもが育つ環境の改善

それでも犯罪を予防するには、医者や犯罪学者の力だけでは足りません。社会のありかたそのものをも見直す必要がありました。

まずは、子どもが育つ環境の改善です。ルーヴァン刑務所のソーシャルワーカーの調査によると、受刑者の35％の家庭は周囲から孤立気味であり、25％の家庭は関心すら抱かれていませんでした。そうした家庭に育った受刑者も、子どものころは意欲的でしたが、まわりから理解や助言や援助が受けられなかったのです。つまり、家庭に何らかの要因があること自体は問題ではなく、そうした要因から解放される望みを子どもがなくしてしまうことが問題だったのです。つらい暮らしから抜け出すことを諦め、その状態にもそんな自分にも無関心になった先に、非行や犯罪はあったのでした。

親との関係もド・グレーフは重視しています。一瞬一瞬を生きているように見えて、子どもは持続性を意識しています。泣いて欲求が叶えられた経験から泣き声が言語になることを知り、以来泣くようになるのもそのためです。ところが親は、つねに応えてやれるわけではありません。子どもはときに待たされることになります。こうして子どもは時間の概念を発達させ、過去と未来でできた枠のなかで喜びや苦しみを学んでゆくのです。その点で、子どもが泣くたびに駆けつけていると、子どもの欲望はすべて、延期されることなく実現されることになります。結果として子どもは、「いま」にのみ生きることを学んでしまうのだとド・グレーフは言います。

反対に、親の役割をする人が十分な愛情を示してくれなかった場合も、子どもはやはり時間の概念がないまま育ってしまいます。このころのベルギーの児童養護施設は、知識は与えても関心は示さない施設だったといいます。そこで育った若者は、読み書きや計算はできるものの、感情的には未発達でした。ほかの若者であれば、何か不快な思いをしたとしても、それが長い一生のほんの少しの間の感情であることを知っています。ところが児童養護施設出身の若者は、不快な思いをすると、世の中は自分に対して徹底的に不当なのだと結論してしまっていたのです。「日」はあっても「月」や「年」はないこのような若者は、もし持続性のあるものと、いま最大の満足をくれるもののどちらかを選ぶことになったら、迷わず後者を選ぶことになります。

　反社会的勢力の構成員たちも、子ども時代、親や親代わりの存在によって、ときに不十分、ときに非情な育てられ方をしていました。大人になって、なんとか社会で暮らしてゆく人もいました。しかし、多くの場合は、ほかの人が社会的なキャリアを積むように反社会的なキャリアを積んでいました。

　まず、成人して平均3年から5年の間に、彼らは軽犯罪で逮捕されたり服役したりします。自分が社会の外にいることを早くも実感し、やり直す希望が断たれてしまうのです。やがて自分だけでなく他人にも無関心になり、他人を傷つけることに適応してゆきます。反社会的勢力の構成員だってもともと人を殺せるような人間なのではなく、殺人はあくまで反社会化が最終段階に達したときに行なわれるのです。

復讐への抵抗感

　もっとも、社会そのものが犯罪を助長している側面もありました。当時は復讐という行為に対していま以上に抵抗感がなく、「それは仕返しされても当然だ」というような言葉があちこちで聞かれていました。人々は殺人事件に目を輝かせ、死刑の執行を見たがりました。犯罪に限らず死は身近なところにあり、自動車事故の映像や闘牛は人々を惹きつけました。

　そうした精神性は伝染します。普段は抑えられている潜在的で原始的な傾向が、解放されやすくなってしまうのです。いわば一人一人が、犯罪を有利にする精神状態を育み、罪を犯す人から障壁を取り除いてやっているようなものでした。

　とくにクライム・オブ・パッションと呼ばれる犯罪において、社会の影響は顕著でした。恋愛がらみで人を殺そうとする人間は、ド・グレーフいわく、「子どもっぽくて、心のバランスが取れておらず、劣等感を抱いている哀れな人間」でした。こうした実際の犯人像を一般に広めることは、罪を犯そうとしている人を思いとどまらせることにつながるはずでした。

　ところが、刑務所職員や保護司、ときには裁判官や教誨《きょうかい》師《し》までもが、犯人を前にしてこのように言っていたのでした。「この男性が被害女性を殺したのももっともだ。彼の立場なら誰だって同じことをするだろう」。弁護士も、犯人のゆがんだ理屈をそのまま裁判で並べたてていました。

１９２７年には、妻の殺害、および妻の愛人の殺害未遂で終身刑になった男性が、たった10年で仮釈放されたのち、再婚した妻をナイフで切りつける事件が起こりました。仮釈放は完全な間違いだったことになります。専門家たちがなぜ判断を誤ったかというと、それは犯人を、なすべきことをやってのけた「男のなかの男」とでもみなしたからだろう、とド・グレーフは言います。実際、クライム・オブ・パッションの犯人のなかには、刑務所で厚遇を受け、反省しないまま出所し、また同じような犯罪を起こす者が少なくありませんでした。

このことは、犯人と関わる警察署や裁判所、刑務所の人間がほとんど男性だったこととも関係しているとド・グレーフは言います。犯人に対する男性たちの同情は、ド・グレーフからすれば、被害者が代表している女性というものに対するひそかな反感の表れでした。そもそも、女性が関係する法律からして男性が作ったものでした。作者が意識していない思いが芸術作品に反映されるように、法律にも女性への敵意が隠れているとド・グレーフは言います。そうした「男性たちのなかにあるアンチフェミニズムは、個人的状況に対する反応の総体」なのかもしれません。それでも「まだ意識されていない、第一段階にも至っていない攻撃性の表れ[19]」であり、それ自体犯罪のきっかけになりうるのです。

そこでド・グレーフは、間接的で社会的な予防を提案します。それは、すでに述べたような殺人犯の真の姿――いつまでも幼稚で、自分で自分の心のバランスも取れず、つねに劣等感に苛まれている――を一般に広めることです。同時に、いかなる犯罪も厳罰をもって処せられるべきだ、といった極端な考えからも離れてゆく必要がありました。復讐しよう、罰を与えようという思いは、結局のところ犯罪者と同じ精神性だからです。

犯罪心理の理解

もっと直接的で個人的な予防方法もド・グレーフは紹介しています。それは、誰かが苦しんでいることに気づくこと、そしてその苦しみを軽んじないことです。

犯行を予感させるような兆候はなかったとか、犯人は突然怒りを爆発させたのだとよく言われます。しかし、ド・グレーフの経験上、犯行直前のもっとも危険な時期にはいつも同じような行動が見られました。人間は誰かを殺したいと思っても、一気に人殺しになれるわけではありません。物の見方がゆがんだり変わったりするなかで、少しずつ人を殺せる状態へと至るのです。相手をひどい言葉で呼ぶようになるのもその一例です。罪を犯す人間のモラルは、あらゆる場面においてレベルを下げてゆくのです。犯人が犯行直前に警察沙汰を起こしていたと後になってわかるケースも少なくありませんでした。

人間はまた、いざ罪を犯そうと思っても、犯さないで済む方法はないか、何か代わりになるものはないか探します。そのなかで罪を犯しそうになっている人間は、相手や周囲に対し、自分が深刻な状態にあるのだと、これは脅しではないのだとわからせようとします。相手について誹謗中傷したり、相手を傷つけるふりをしたりするのはそのためです。ただ、これらは軽犯罪とも言えない程度のものであるため、警察が介入することはまずありませんでした。

危機的状況に陥った人間は、誰にも理解されず一人ぼっちだと感じる反面、誰かに理解してほしい、助けてほしいという気持ちを抱いています。誰か、とくに相談に訪れたり、事件で世話になったりした警察官や法曹が共感的な態度を示してくれれば、事態が悪い方向へ転ぶのを止められるかもしれません。重大犯罪を未然に防ごうという意識のある警察官や法曹であれば、取るに足らないような軽犯罪を前にしても、その軽犯罪と犯人の興奮状態が釣り合うかどうかわかるだろうし、それが別の犯罪を生み出すプロセスの一部であることにも気づくはずなのでした。

犯罪的な無関心と軽薄さ

なかには、未来の殺人犯が事件前に警察にやってきて、相手から受けた仕打ちを訴えるということもあるでしょう。ド・グレーフは女性に裏切られた、もしくはそう思って犯罪生成プロセスに入りこんでしまった男性の例を挙げて説明しています。

この男性がもともと劣等感を抱いていて、その補償を見つけられていなかった場合、相手女性の裏切りは彼の存在そのものへの侮辱になります。劣等感の補償を見つけられていたとしても、それが偽りの補償、たとえば弱さを隠すためにあえて強いふりをするといったものであった場合、いつもの強いふりが相手女性にできないという状況は、やはり彼の存在を否定することになります。

こうして彼は警察署を訪れます。彼にとって事態は、自分と社会との関係にもかかわるのです。それまで演じてきたような強い存在であり続けたいと、彼は強く願っているのです。

ところが、警察官から得られるのはたいていこのような言葉でした。

「こんなことで悩むなんて、男らしくないぞ」

これでは彼を解放するどころか、むしろ最悪の方向へと追いやってしまいます。暴力犯罪のじつに14%が、こうした、強い態度を取り続けてきた弱い人間によって起こっていました。

ド・グレーフが著書で、講義で、次のように繰り返したのはそのためでした。

> 未来の犯人が何か訴えにきたとき、それがどんなことであっても追い返すことは非難されるべきことであり、それ自体が罪である。未来の犯人が警察署に来たということは、そのときにはもう悲劇が準備されていたということなのだ。[20]

目の前にいるのは、感受性が極限にまで高まっている人間、とくに殺人という結末に向けて有利となる物事にはとくに敏感になっている人間です。警察や法曹も、この人間に影響する環境の一部であるという自覚を持たなければならないのです。もし警察署や弁護士事務所で無関心な対応を受けたならば、未来の殺人犯は、やはり自分は理解されず拒絶されるのだという思いに立ち返ってしまうでしょう。

だから30分でもいいから人間対人間として対話し、信頼感を勝ち取り、もう一度話をしにくることを約束させなければならないとド・グレーフは言います。本当の勇気とは復讐することではなく、諦めることなのだと伝えてゆかなければならないのです。一回で理解させることは難しくても、コンタクトを保ち続けていれば、事態がどのくらい差し迫っているかもわかるだろうし、本人のなかにまだ残っている殺人への抵抗感も強まるかもしれません。事件を起こしていない人を拘束することはできないけれども、精神科やカウンセリングを勧めることはできるでしょう。

未来の殺人犯ではなく、未来の被害者が警察に相談に来たときにも、当然ながら事態を軽視するようなことはあってはなりません。しかし多くの場合、警察は何もできないか、むしろ事態を悪化させてしまっていました。

本来ならば、犯人となりうる人間の心理プロセスを追い、いまどの段階にあるのかを把握し、悲劇的な結末へ向かう流れを止めなければなりません。未来の被害者に対しては、プロセスについて説明し、相手に引き金を引かせないために何に注意をするべきか、何か起こったときにはどうしたらよいかを伝える必要もあるでしょう。相手に自殺願望が出ていれば、それを理由にカウンセリングに連れて行くこともできるかもしれません。結核の濃厚接触者のための施設のように、危険を感じた側が頼ることのできるシェルターも必要だと、ド・グレーフは20世紀半ばの段階で言っています。

そして、もしもこうしたプレ犯罪期に、程度は軽くても処罰の対象となる行為がなされたとしたら、悲劇はさらに差し迫っているということになります。逆に言えば、悲劇は処罰いかんによっては防ぎやすくもなるのです。それなのに警察や法曹は、プレ犯罪期の軽犯罪を、それこそ「犯罪的な無関心と軽薄さ」[21]であしらっていました。

取調べを受けたり裁判所に出頭したりすることは、一人の人間にとって大きな出来事です。感情はますますたかぶり、そのうえまわりにも知られて、社会的絆も断たれてしまいます。ド・グレーフの研究によれば、何もしなかった場合、犯罪のプロセスは解消されるまでに8ヶ月から数年を要するといいます。危険な状態にある未来の殺人犯は、その状態が収まるまで被害者から引き離しておかなければなりません。しかし、未来の殺人犯は以前よりもさらに苛立って、そのうえ失うものなどなくなった状態で被害者のもとに戻ってゆくのです。

警察官と裁判官の育成

そこで、ド・グレーフは、十分な能力を備えた専門家の育成を考えます。まずは警察官と裁判官です。

警察官については、すでに述べたこととも重複します。脅しや軽犯罪が見られるのは、重大犯罪へと至るプロセスの最終段階「危機」においてです。相手を消滅させるという考えに囚われている人間は、脅迫や誹謗中傷など、警察の目につくような行為もしています。いずれもよくある行為ではありますが、本人がセルフコントロールを失っていることの証でもあります。つまりそれ自体は重大でなくても、重大な犯罪へと行き着くかもしれない行為なのです。

そのため、介入は非常にデリケートなものになります。しかも、目の前にいるのは状況にのみこまれて自由に動けなくなっている人間であることから、無機質ではない、人間味にあふれた対応が求められます。何も難しいことではなくて、ただ最初の接点を持てばよいのだとド・グレーフは言います。その人のなかで何が起こっているか、その人とどのように関わってゆくべきかといったことは、専門家に任せればよいからです。

裁判官も、ただ違法行為にのみ注目して、法に触れない行為や言葉は計画性の判断材料としてしか使っていませんでした。しかし、もしそうした違法行為が、別の犯罪に先立つものだったらどうでしょう。プレ犯罪期に見られる言動は、状況を理解させてくれる重要な指標です。別の犯罪が起こったときになって、事後的に意味を見出されるようではならないのです。一つ一つの言動は、後で振り返るべきものではなく、いま何が起こっているのかを教えてくれるものなのだという認識を、裁判官はつねに持っていなければならないのです。

判決を下すにあたっても、裁判官は、「このタイプの事件」にはどの刑罰が相当かと考えてはならない、とド・グレーフは言います。抽象的な形式に当てはめて自動的に刑罰を選択するのではなく、「目の前の事件」が最悪の展開を迎えないためにはどうしたらよいかと、その都度考えなければならないのです。ちょうど少年事件にたずさわるときのように、犯人について詳しく調査し、刑罰が犯人にどのような変化をもたらすかを予測したうえで判決を下せば、きっと刑罰の最大限の効果が得られるだろうというのです。

いずれにしても、何も考えずにただ仕事としてこなすのではなく、逮捕や裁判を最良かつ最後のチャンスとして捉え、人間の命や生活を守るためにできる限りのことをしようという姿勢が必要なのです。

刑務所職員の育成

反対に、自分の仕事を間近で見ていた刑務所職員たちに、ド・グレーフは大いに期待していました。ド・グレーフが受刑者と繰り返し面談し、ソーシャルワーカーの協力のもと心理を解明してゆくようすに、職員たちも感化されていたからです。所長も例外ではありませんでした。

ルーヴァン刑務所にDという受刑者がいました。Dはある朝、妻の首を針金で絞めました。その後、朝食をとりにゆき、戻ってくると妻が少し動いたので、ふたたび首を絞めました。被害者に対して何の感情も示さなかったのに加え、家政婦との間に子どもを作っていたことも判明し、Dは冷酷かつ功利的で責任能力もあると判断されました。

しかし、当時のルーヴァン刑務所の所長リシャール・ピーテルマンスは、Dのなかで「不正を受けているという感情（sentiment d'injustice subie）」が強いことが気になっていました。そこで少し調べてみたところ、Dは妻と折り合いが悪く、事件の7年前から離婚を望んでいたことがわかりました。やがて家政婦と関係を持つようになり、二人で仲良く帰宅したことさえあったといいます。そのことを知ったDの妹は、あの兄にそんな大胆なことができるなんてと不思議がるほどでした。しかし、妻は離婚に応じません。そこで、あたかもそれが正当な行為であるかのように、Dは妻を殺害することにしたようでした。事件前夜、知人がいる前で激しい口論になりました。このときDは妻を井戸に突き落とそうとしたもののチャンスに恵まれず、次の言い争いをきっかけにしようと針金を用意して就寝しました。そして翌朝実行したのです。

Dが犯行に至るまでの心理の分析は、ド・グレーフの目から見ても申し分のないものに思えました。しかも、刑務所長が向き合ってくれたこともあって、Dは少しずつ物事への関心を取り戻していったのです。この偉業をなしたピーテルマンス所長は、精神科医でもなければ心理学者でもありませんでした。ただ大学時代に犯罪学を勉強していただけだったのです。

犯罪学科は、１９５０年代初めの段階で、すでに国内四つの大学にありました。こうした機関で学んだ人材は、警察官になったならば供述調書に、裁判官になったならば精神鑑定書に、ピーテルマンスのように刑務所関係者になったならば受刑者本人に触れることになります。きっと、供述調書や精神鑑定書や本人のようすから、問題点を見つけ出したり、欠けている情報に気づいたりできることでしょう。

１９６０年には、刑務所職員の養成所も、オランダとの国境に近いメルクスプラスに作られました。犯罪を理解し予防する未来が開けつつあるのをド・グレーフは感じていました。

犯罪学者の育成

ただ、人類学研究所のレベルは下がっていました。誰の論文を見ても、駆け出しのころからほとんど進歩していなかったのです。調書も月並みなことを専門用語で言い換えただけのものになっており、渡されても刑務所職員には何も わかりませんでした。

たしかに学術的な内容を嚙み砕くのは容易ではありません。しかしその必要性を、ド・グレーフは刑務所に勤め始めたころに学んでいました。当時の所長が、医者たちが使う専門用語をリスト化してからかったのです。おかげで、ド・グレーフは専門用語を使わずに説明できるようになりました。そしてそのことが、職員たちと情報を共有し、気づいたことを知らせてもらうきっかけになったのです。

学問の成果は、学問の世界にいる人間に認められるものでなければなりません。しかし、同じ職業の人間しかわからないような言葉で書かれているのもよくないとド・グレーフは言います。

> 月並みな内容にしろというのではない。一般書を書くようなつもりで発表するべきなのだ。[22]

クライム・オブ・パッションをわかりやすく解説した『愛情と愛憎犯罪』や、子どもたちの心理を親に向けて説明した『子どもたちと私たち』は、犯罪を予防するために事実をわかりやすく説明する、そうした実践の一部だったのでしょう。

そして晩年、ド・グレーフはこの信念を別の形でも実行に移すことになります。患者や犯罪者が登場する、小説の執筆です。

＊1　1976年に刑務官たちの支援のもとで受刑者たちが起こしたストライキを経て、現在受刑者たちはおもに個室で寝起きしアトリエで仕事をする半共同生活を送っています。

＊2　Casselman, Chapitre 3, 2-2.

＊3　De Greeff, *Notre destinée et nos instincts*, Paris, Plon, 1945, p. 233.

＊4　レジスタントたちを支え続けたことで、戦後ド・グレーフはレジスタンス勲章を受けることになります。

＊5　De Greeff, *Introduction à la criminologie*, 2e éd., Bruxelles, Joseph Vandenplas, 1947, pp. 131-132.

＊6　De Greeff, *Notre destinée et nos instincts*, X.

＊7　De Greeff, *Introduction à la criminologie*, 1949, pp. 403-404.

＊8　アレキシス・カレル『人間　この未知なるもの』、江藤裕之編集、渡部昇一訳、三笠書房、２０２０年、１３０頁。

＊9　De Greeff, *Âmes criminelles*, Tournai-Paris, Casterman, 1949, p. 16.

＊10　*Ibid.*, p. 19.

＊11　その後ノルウェーでは１９７８年、ベルギーでは１９９０年に、中絶は処罰の対象から外されました。

＊12　De Greeff, « La psychologie de l'assassinat », *Revue de droit pénal et de criminologie*, 1935, p. 153.

＊13　De Greeff, *Introduction à la criminologie*, 1946, pp. 161-162.

＊14　De Greeff, *Introduction à la criminologie*, 1937, p. 7.

＊15　いま問題となっているような、ある国や文化圏での頻繁な女性の殺害については、ド・グレーフもすでに意識していました。けれどもそれは、そこに生きる男性たちの愛情が強いためではなく、不実な伴侶を殺すことが容認され、ときには義務にすらなっているからだといいます。人間は社会との関係のなかで生きてゆくものです。殺人が非難され罰せられる社会においては、圧倒的多数の人が、苦しみはしても立ち直っています。そのような社会においては、いかなる他殺も、愛や情熱を示すものなどではなく、ただ社会に適応するだけの人格が犯人のなかに育っていなかったことを示すだけなのだとド・グレーフは言い切っています。

＊16　のちにド・グレーフは、ヒトラーの演説を聞いていた人々も、自分たちのなかに新しい信仰が、

新しい自分が生まれつつあるのを感じているようだったと言っています。その新しい自分は、やがてセレモニー以外の場でも現れるようになるのです。

＊17　小説自体は１９２２年に出版されています。タイトルは、アッシジの聖フランチェスコがハンセン病患者を助け、その手に口づけをしたことに由来しています。タイトル中の「癩者」は今日からは不適切な表現ですが、文学作品であることから、一般的な訳題に従っています。

＊18　François Mauriac, *Le dernier chapitre du Baiser au lépreux, Œuvres romanesques et théâtrales complètes*, II, Paris, Gallimard, 1979, pp. 543-544. 訳文は筆者による。

＊19　De Greeff, *Amour et crimes d'amour*, Bruxelles, Joseph Vandenplas, 1942, p. 297. ド・グレーフはこうも続けています。「男性の行動のなかにある女性に対する未知の攻撃性、諦めたら自分がちっぽけなもののように感じられてしまうこの攻撃性については、もっと研究されるべきだろう。」今日問題となっている「有害な男らしさ」に、ド・グレーフは20世紀半ばに気づいていたのです。

＊20　De Greeff, *Introduction à la criminologie*, 1946, p. 373.

＊21　De Greeff, « L'état de danger avant le crime », *Revue de droit penal et de criminologie*, 1938, P. 255.

＊22　De Greeff, « L'expérience belge. L'examen médico-psychologique et social des délinquants. Rapports présentés à la Commission Pénitentiaire Benelux », *Revue de droit pénal et de criminologie*, 1952-53, p. 603.

第三章

作家としてのド・グレーフ

——共感本能を取り戻すために

罰するのは良い。助け、救うことができたらもっと良い。

3-1　ド・グレーフの人間観

フロイトの時代を越えて

精神科医であり、犯罪学者であったド・グレーフが作家となった理由を理解するには、彼の理論や姿勢の基盤となっていた人間観、とくに人間の本能に関する独自の考え方をふまえておく必要があります。

本能とは何でしょうか。それは、誰かに教わったわけでもないのに、何かに注意したり関心を示したりすることを指します。人間が生まれつき持つこの本能が、人間の行動を考えるうえで欠かせないことを、ド・グレーフはアメリカの心理学者ウィリアム・ジェームズ、同じく心理学者でイギリス出身のウィリアム・マクドゥーガル、それに、本能と言えば誰もがその名を思いつくフロイトから学びました。

フロイトの理論は、一世代隔てたド・グレーフからすると「いまの時代に耐えうるものではなかった」[1]ようです。それでも「真偽はともかくとして」人間が性的本能に支配されていると証明しようとしたことに、ド・グレーフは敬意を払っています。フロイトの言うところのエディプスコンプレックスは、大人になってからも状況に応じて表れます。同じように人間は、どれだけ年を取っても、またどれだけ理性的なつもりでいても、やはり本能の影響を受けているのであって、本人はそのことに気づいてさえいない可能性をフロイトは教えてくれたのでした。

しかし、人間を突き動かす力は、何も性的なものばかりではありません。ド・グレーフが真っ先に注目したのは防衛本能でした。動物は、何かが危険であると感じると、恐怖、逃走、怒り、攻撃といった反応を見せます。その「何か」が何なのか正確にはわからなくても、命にとって危険だと思えば、実際に攻撃を受けていなくても防衛本能は動き出します。いわば、自らの攻撃的な意志が外界に投影された、常時警戒モードなのです。

人間も防衛本能によって、動物や自然、さらにはほかの人間や何らかの出来事を、自分に向けられた敵意と捉えてしまいます。動物と同じように人間も、自分を驚かせ、自分をゆるがす存在を見つけ出すべく、敵意のフィルターを通して外界を知覚しているのです。アルコール依存症や薬物依存症が問題なのも、それが本人の健康を害するだけでなく、まわりに敵意を見出させ、結果として防衛と攻撃の状態に入りやすくさせるからでもあるのだとド・グレーフは言います。

　ほかにも大事故や大災害は、防衛本能とそれにともなう攻撃性を呼びさまします。爆撃や地震から命が助かるやいなや、略奪や暴行が生じるのはそのためです。疫病が蔓延《まんえん》したときも、人間は原因となる人間を特定して攻撃しようとします。両大戦のときのドイツ軍のように、敵国に侵入した兵士が起こす野蛮な行動も、ド・グレーフからすればやはり根底に恐怖があるのでした。

本能と自由、平等、正義

　ということは、どのような行動も、特定の時代や国民のモラルの高さ／低さの証明にはならないということになります。ド・グレーフからすれば、社会改革でさえ、本能のなせるわざにすぎません。

> いかなる社会的実現も、一人一人のモラルが進化した結果ではない。一人一人の道徳はその前もその後もまったく変わらないのであって、何らかの変革が起こることでモラルが進化するということもない。ただ同じ本能的生活が続いてゆくだけだ。[2]

とくに19世紀は進歩の時代と考えられていましたが、自由や平等の勝利とされる多くの変化も、結局のところ荒々しい本能の勝利にすぎないとド・グレーフは見ていました。たとえば革命は、ド・グレーフからすれば、富める者の富を攻撃することで、富めない者の本能を一瞬落ち着かせただけでした。そのとき人間は、まわりに金持ちがいなくなったから金持ちであることを望まなくなっただけで、所有に関心がなくなったわけでもないし、道徳的によくなったわけでもありません。自分以上に所有している者がいないかどうか、あいかわらず嫉妬深く監視しているのだとド・グレーフは言います。

自由や平等だけでなく、正義に対してもド・グレーフの矛先は向けられます。正義と言うとき、人は「皆が正しくあるような秩序」ではなく、「不正が罰せられるような秩序」を求めているというのです。これは、徳としての正義と、「正義をなしたい」という本能とが混同されているということでもあります。

罪を犯した人に対する攻撃をキリスト教が禁じたのも、徳としての正義を理解させるためでした。しかし、正義をなすという欲求を、人間はなかなか手放そうとしません。だから、キリスト教は正義を神にゆだねさせたのです。

それでもやはり人間は、罪を犯した人も含めて皆で正しく生きることではなく、罪を犯した人に神の罰が下ることを望みます。この世の始まりからずっと、人間は完徳を目指そうとせずに、「大衆的な正義」にとどまってきたのです。大衆的な正義が持つ攻撃性は、人間のもっとも深いところにある防衛本能にもとづくものであって、神のもとへ昇ってゆくこととは対極にあるというのにです。

たとえば、ド・グレーフの生まれ故郷に近いアトの町では、毎年夏になると巨人祭りが行なわれていました。祭りのハイライトは、旧約聖書のダビデとゴリアテの戦いの再現です。ペリシテの巨人ゴリアテに、イスラエルの兵士たちは手も足も出ません。そこに羊飼いのダビデが立ち上がり、石を武器に勝利するのです。子どもたちはダビデと自分とを同一視します。でも子どもたちは道徳を学んだわけではなく、復讐を喜んでいるにすぎないのです。

結局のところ正義と呼ばれるものは、徳としての正義ではなく、たいていは受けた不正への復讐であるとド・グレーフは言います。人間はつねに自分こそが正義であると思っていて、自分の意にそぐわない相手や世の中に対し、日々不満をつのらせています。自分は被害者であり、正当防衛が認められる状態だと思っているのです。

こうした正義感情から、シェーラーの言うところのルサンチマンの人間（homme du ressentiment）も生まれるのだとド・グレーフは言います。シェーラーによればルサンチマンは、人を傷つけることだけを目的とした犯罪に結びつきやすいものです。１９１２年、ベルリン近郊で道路に鉄線が張られるという事件が起きましたが、これは車を所有する人間なら誰が被害に遭ってもよいという、格差にもとづくルサンチマンの犯罪だとシェーラーは説明しています。ド・グレーフからすればこの犯罪には、車を所有できない自分の行為は正当防衛なのだという思いが隠れているということになるでしょう。

３－２　防衛本能

故意づけ

自分に対して不当に攻撃してくる相手は、人間だけではありません。

ジャン・ピアジェの研究を通して、ド・グレーフは、子どもが物事のなかに意志を見出すこと、そしてそれにもとづいて世界を描き出すことを知りました。道を歩いていて石につまずいた大人は、瞬間的には腹を立てるかもしれないけれども、すぐに落ち着くことでしょう。しかし子どもは、その石が故意に自分をつまずかせたと思いこみ、蹴飛ばすなどの行動に出るのです。

そんな子どもも成長するにつれて、人間や、動物のなかでも人間に近いものにだけ意識を認めるようになります。それでも悪いことをしたときには、いくつになっても何かが自分に罰を与えるのではないかとびくびくします。このことは思春期に入っても変わらず、むしろ強まる傾向にさえあるとド・グレーフは言います。

思春期の子どもは、自分の考えや行ないに対して罪悪感を抱くといいます。こんなことを考えたり、こんなことをしたりしている自分は、いままでのように無条件に受け入れてもらえないだろうと思うのです。その結果、あらゆる物事を自分に対する罰のように感じるのですが、罰を受けるというのは攻撃を受けるということですから、防衛本能が働きます。思春期の攻撃性の大元は、結局のところ罪悪感にあるのだろうとド・グレーフは見ていました。

思春期を越えても、何かに故意を見出す傾向はなくなりません。16歳から18歳の少女たちに以下のような気持ちを理解できるかと聞くと、大部分がうなずくといいます。「明日はデートだけれど、考えないようにしなきゃ。何か楽しみにしていると、いつもぎりぎりのところで何か起こって全部だめになってしまうから」。少女たちは、目に見えない力が自分を邪魔しようとしていると感じているのです。

同じようすは大人にも見られます。ある男性は、知り合いの女性から10万フラン貸してくれと言われて悩んでいました。すると女性は、「ぐずぐずしていると神さまにお金を取られますよ」と言ってきたのです。翌日、男性は本当に数千フランの損失を出してしまいました。単に世界恐慌のあおりだったのですが、男性はただちに女性を呼び出すと、頼まれていた10万フランを渡したのでした。

ほかにも故意づけは至るところで行なわれます。第二次世界大戦中、雨のせいでイギリス軍による上陸作戦が失敗すると、新聞には「気圧計（天候不良を示す）はドイツ製なのではないか」と書かれたといいます。「たちの悪い熱」といった言葉もそうですし、言い伝えも無視できません。右利きが多い社会では、よくないものは左から来るとされていて、道に迷えば多くの人が右を選ぶのです。人間の防衛本能は人間が選ぶ空間をも左右するのであり、人間が生きているのは防衛本能が働いた空間だということになります。

故意づけと攻撃性

こうしたことは大昔から変わらない、と、ド・グレーフはギリシャ神話までさかのぼって説明します。プロメテウスは、人間のために天界の火を盗みました。これによって彼は神々との友情を失ったわけですが、その火をもらった人間も、代償として大切なものを失いました。動物や植物は、もはや人間にとって、得体の知れない、何らかの悪しき思いを抱くものになってしまったのです。旧約聖書のアダムとイヴも、神の怒りを買っただけでなく、ほかの創造物とのつながりを失ったとド・グレーフは言います。アダムに対して「土は茨《いばら》とあざみを生えいでさせ」ます。「絶対的なやさしさの時代は過ぎ去り、植物は人間に対して悪意を持ち、動物は人間に対して獰猛《どうもう》になった」[3]のです。

　もちろん動物の行ないに対しては、ある程度の年齢になれば故意を見出すことは少なくなります。それでも、ひとたび動物が思いがけない行動を取ったり、怖い思いを自分にさせたりすると、大人でさえその動物を、意地の悪い、罰すべきものとみなしてしまいます。だから人間は、当の動物がなぜそうした行動に出たかもわからないというのに動物を叩くのです。このとき動物は、人間に対して敵意を持っているように感じられているわけですが、その敵意が実際のところ、人間の防衛本能の投影であることは言うまでもありません。

　このように事物や動物が敵意を持つと思ってしまう人間が、同類である人間に敵意を見出さないわけがありません。人間は、相手が攻撃的だと思われるとき、相手に故意を見出す傾向があります。幼児が泣いたり癇癪《かんしやく》を起こしたりすると、親は、どれだけ愛情があったとしても、罰を与えようという気になってしまうことがあります。親自身が十分に成長していれば自制できるのでしょうが、そうでない場合や余裕がない場合、もしくは疲労やアルコールの影響を受けている場合、幼児はどこかに閉じ込められたり叩かれたりしてしまいます。

幼児に対してだけではありません。成長しきれていない人や過敏になっている人は、自分のまわりに不当性や異常を認めやすく、行動を起こさなければと感じてしまうのです。理解されない、見捨てられた、裏切られたといったふうに誰かを故意づけした結果、あくまで主観的な正義感情にもとづいて、その誰かに攻撃的なふるまいをするのです。

この人の言い分だけを聞けば、理性的に思えるかもしれません。でも実際には、あるかどうかもわからない敵意を相手のなかに見出し、相手の人格や感情を否定して、相手を単純化しているのです。やがて誰に対しても、どのような出来事に対しても、暴いて罰すべき悪い意志を探すようになるでしょう。誰かが話をしていれば、自分の悪口だと思うようになるでしょう。そのうち敵意は、「人（on）が自分のことを～と言っている」「自分は人（on）に～された」というふうに、抽象的な主語で表されることになるでしょう。

こうした傾向と犯罪は結びつきやすいとド・グレーフは指摘します。たとえば非行少年たちは自分の不幸の原因を、自分以外の何かに見出しがちです。彼らはときどき「被害者なのはこっちだ」と言いますが、口先だけでなく心の底からそう思っているのです。それは大人も変わりません。戦時中、不正に儲けた噂のある商人たちが窃盗の被害に遭いましたが、犯人は反省するどころか、自分の権利が侵害されたのだと憤っていました。ド・グレーフいわく、犯罪は、不正を受けたという感情から生まれるのです。

防衛本能による単純化

それでもド・グレーフが強調したのは、ある種の人間が故意づけしやすいとか、ある種の人間に犯罪傾向があるということではありませんでした。むしろ、どんな人間のなかにも故意づけをしてしまう何かがあると理解することが大事だったのです。その何かというのが、最初に挙げた防衛本能です。

戦争や疫病のような非常事態になると、人間はあらゆるものに意志が現れるのを見ることになります。戦時中人々は、「爆弾は同じところには二度落ちない」と言っていました。その一方で、「爆弾が落ちるかどうかは確率の問題だ」とも言っていました。自分たちの頭上に故意を見出したり、逆にその故意を取り除いたりすることで、人々はなんとか落ち着こうとしていたのです。

人間に対する故意づけは、個人だけでなく、集団に対しても行なわれます。抽象的な集団に意志を見出し、政府や特定の党を非難するのはそのためです。見慣れない人種であればより敵として認識されやすいし、異なる宗教の人々も単純化されやすくなります。

とくに防衛本能による警戒は、相手の欠点や危険な傾向ばかりを目立たせます。不安や恐怖を抱いている以上、相手は自分を迫害する存在にデフォルメされるのです。しかも相手に対して「正当」防衛するということは、相手に責任があるということにもなります。こうして相手のなかに本当の人格ではなく抽象的な姿を見出して、ゆがんだ正義感情が許すあらゆる権利を行使することになるのです。防衛本能とは、単純化のメカニズムでもあるのです。

防衛本能の時代

犯罪者が悪しき意図の塊であるかのように捉えられるのもそのためでした。犯罪者は皆厳しく罰せられるべきだと考えることは、他者を単純化することと同じです。一般に言う正義――防衛本能にもとづいた、不正への復讐としての正義――は、結局のところ犯罪と変わらないのです。

これは人間のどうしようもない傾向でもあります。人間は世界を理解し、物事を予見しなければ安心できません。すべてを一つの図式に単純化したいという抑えられない欲求は、人間を偶然や未知の何かから守ってくれるのです。本来ならば他者の人格を、短所も長所も、おかしなところもすばらしいところもすべて含めて理解してゆくべきなのであり、それこそが真の正義である「徳としての正義」につながるのに、それを実践するには大きな恐怖がともなうのです。

だからと言って、事物や動物に対してだけでなく、同胞に対しても防衛本能を働かせ、共感によるつながりを失ってしまったとしたら、人間はどこに行き着くのでしょうか。

ある社会への敵意、ある集団への恨み、ある人種に対する憎しみは、ひたすら殺人を引き起こし、繰り返させることになります。ド・グレーフが次のように言うのはそのためです。

> ヒトラーは生存競争の理論をただぎりぎりまで推し進めたにすぎない。西洋の大学のほとんどで教えられてきたこの概念を、どうして、どんな権利があって非難しようというのか。ドイツの群衆は、ほかの集団にもひっそりと起こっていた精神的な破壊プロセスの影響を極限まで受けただけなのだ。[4]

戦後、刑罰を緩和させる国が出てきました。そうした国で刑罰は、正義や防衛ではなく、犯した罪に対する補償という視点から考え直されていました。しかし、この刑罰の緩和は、人類愛がもたらしたものではなく、戦争で荒廃した心がやすらぎを求めた結果だとド・グレーフは見ていました。態度が硬化するときはいずれ来るだろうし、そのとき残酷さはこれまで以上のものになるかもしれないとド・グレーフは危惧しています。

3-3　共感本能

共感とは

だとしたら、平和な時代は束の間で、人間はまた敵意と殺戮の時代へと戻ってしまうのでしょうか。ド・グレーフは言います。

この悲惨な経験のかたわらで、別の、未完の、不完全な、こわれやすい、人間にはもしかしたら実現不可能かもしれない、しかしこれ以外にはもう救いの道がないように思われる、別の知恵がある。（自分ではなく）他者の防衛である。[5]

ド・グレーフにヒントを与えたのは、シェーラーの『共感の本質と諸形式』（１９２３）でした。[6] この本はさまざまな分野のなかで現象学的研究のヒントとして読まれており、そのことをシェーラー自身喜んでいたといいます。そうした専門家たちのなかに、ド・グレーフもいたのでしょう。

シェーラーによれば真の共感とは、「もし同じようなことが自分の身に起こったらどうだろうか」と考えることではありません。そのような仮定には、「でも自分だったらこれほどひどいことにはならないだろう」という結論があらかじめ用意されているからです。そうではなくて真の共感とは、他者の個性を「共歓」し「共苦」することであるといいます。他者がありのままの姿で、「そのような人間」であるからこそ持つ喜びを、「もし自分だったら」と自己を介入させずに共に喜び、同じ理由から生じる困難を、やはり自己を介入させないまま共に苦しむことなのです。

人間が防衛本能と同じように持つこの共感本能に、ド・グレーフは救いを求めました。二つの本能の違いを、彼は次のように説明しています。

> 防衛本能は自己の保全のためのものであり、正義の感情と他者の責任のもとで機能するものであり、結果として人間を心的な法則に従うだけの機械のような観念的存在に漸進的に還元してしまう。愛や共感の本能は種の保存（生殖だけでなく養育も）を司るものであり、自己の防衛なしの放棄（自己の防衛の禁止）と他者の全面的な受容のもとで機能するものであり、他者への服従と献身、そして他者を最大限に開花させるような生の環境の構築の土台となる[7]。

自分を守るために、あらゆる存在を敵意ある意図に単純化してしまうのが防衛本能であるのに対し、共感本能は、自分ではなく他者を守るために、他者をそのまま受け入れ、他者の価値を引き出させてくれるというのです。

共感は、感情の伝染とは異なります。感情が伝染するからといって、共感しているということにはなりません。第一、もしその伝染した感情が恐怖であったならば、共感本能ではなく防衛本能が呼び覚まされてしまうことでしょう。それよりも共感本能は、小さな子どもを守る本能に代表されるといいます。

ド・グレーフいわく、動物の親は、生まれて間もない子どもにはまず攻撃しません。じゃれあうなかで子猫が母猫に攻撃しても、母猫が強く反応することはありません。しかし子猫が２ヶ月をすぎるころになると防衛するようになり、４、５ヶ月にもなれば反撃します。小さな子どもを愛するということは、相手を攻撃することなくただ相手に従うことであり、その結果、相手を最大限に花開かせることにつながるというのです。

逆に、親が子どものなかに悪い故意ばかりを見出していると、防衛本能むき出しの親を前に、子どももまた防衛と反撃という状況に置かれることになります。結果、子どもに他者を単純化するメカニズムを根づかせることになり、その後の他者との関係性も狭めることになってしまうのです。

共感本能の範囲

人間ははるか昔から、この防衛か共感かの二者択一を抱えてきました。けれども優先されがちなのはどうしても防衛本能のほうであり、それが20世紀になって問題を起こしたのだとド・グレーフは言います。

それに共感は、ごく近しい集団のなかでのみ生じるようでもありました。苦しむ人が遠くにいて、その声が聞こえなくなればなるほど、人間は冷淡になるからです。遠く離れた国の戦争が共感本能を呼び覚ますことは難しいと、ド・グレーフも嘆いています。

> 集団が行動することで何百万人の人間の命が救われるであろうこのときに、新しい戦争が起こるようである。（原注：実際この後ヨーロッパで戦争が起こった。スペイン戦争の恐怖は人々を殺戮に対して無感覚にしただけだったのだ[8]）

近くにいても、自分と異なると思えば共感本能は働かないようでした。『われわれの運命と本能』の脚注にはこのように記されています。

> 私がこれを書いた後で、人種差別思想が行動を起こした。敵の人種、劣等とされた人種が、どんなふうに徹底的に破壊されたかを私は目撃したのだ。１９３９年、ポーランドで！[9]

実際、西洋では、他の人種や民族への軽蔑が「実証的に」教えられてきました。ド・グレーフを訪問したワルシャワ大学の教授などは、ある大それた説を証明しようとしていました。強姦や謀殺のようなおぞましい犯罪はアルプス、地中海、ユダヤ系のものであり、嫉妬や愛による「高貴な」犯罪は北方系のものであるという説です。「では高貴な犯罪のなかには、ドイツ空軍によるスペイン市民への爆撃は入らないのですね」とド・グレーフが皮肉を言うと、この教授は、「スペイン人はヨーロッパ人ではありませんからね。アフリカ人の命ほども重要ではないのです」と真顔で答えたのです。

共感の範囲が狭くなってしまう原因は、子ども時代にもあるといいます。幼少期に聞くおとぎ話やアニミズム的な話は、共感本能にとって理想的な環境です。それなのに西洋社会は、そうした擬人化をほどなく子どもたちに禁じていました。ある程度の年になると、動物なんて農業の役に立たない限りは意識しないでいいと教わっていたようなのです。こうして子どもたちは、まずは動物、次いで違う国の子どもや他所の子どもが、皆自分と同じ価値を持たないものと思ってしまうのだとド・グレーフは言います。動物という遠い他者への思いやりが花開く機会を取り上げることで、西洋社会は子どもたちに、人間自身を攻撃させてしまったというのです。

本来共感は、シェーラーによれば、人種、国籍を問わず、あらゆる人間、さらには動物や植物をも含む万物の命に「宇宙的に融和」させてくれるものです。ところが人間は、ド・グレーフいわく、自然界の要素を地上から地下まで発掘し、環境には生命も魂も意味もないかのように単純化してきました。こうして人間は、地球の主人として君臨できた代わりに、地球上で孤立し、その宇宙的な融合を失ってしまったのです。ド・グレーフは言います。

　人間は自然に対する、動物に対する、人間に対する共感から閉ざされた世界のなかで、自己中心主義的な本能のとりこになって（…）荒らすという目的のためだけに地球を荒らす（人間という）怪物たちに囲まれて生きているのだ。[10]

そんな人間の行き着く先は、あらかじめ決まっていたようなものでした。

　あらゆる生命の奇跡に対し姿勢を低くしない人間は、（…）弱い動物、植物、自然、武器を持たない人間、恵まれない人、女性、子どもに対する敬意を欠いている。こうしたことが世界をどこに誘ってゆくのか、われわれは身をもって知ることになった。[11]

西洋社会が戦争へと突き進んでいたとき、非暴力による独立運動を率いていたインドのマハトマ・ガンディーが、「小心者だ、男らしくない」と笑われていたのをド・グレーフは見ていました。「愛情にもとづき社会秩序を創造する存在」[12]である女性はといえば、西洋社会ではいまだに政治に参加する機会が認められずにいました。

キリスト教と共感

他方で、そうした西洋社会が求め続けてきた神は、リダクション（減少、還元、単純化）する神ではなく、創り出す神です。人間の故意ではなく無意識に、責任だけでなく本質に、いわば人間のなかで泣いている子どもの部分に気づいてくれる神です。人間がキリスト教に求めてきたのは、この敵意ある世界が続くことではなく、人間のなかにある子どもの部分を受け入れてくれる、新しい世界が始まることだったのです。ファティマの聖母もバヌーの聖母も、そしてボーランの聖母も、皆子どもたちの前に現れ、そのままでいるようにと告げはしなかったでしょうか。

もちろん、人間が子どものままでいるべきだというのではありません。ド・グレーフは、多くの宗教が信者に、子どものままでいることを条件に、絶対的な保護や絶対的な安心を約束していることを指摘します。医学的に言えば、それは精神世界を不毛にすることでした。子どものように受け入れられ従われるのは愛される側であり、その役ばかりを好むのは幼児傾向のある人間です。そうした人間は、愛と関わるところにいても愛を創り出すことはできないのです。

一方で、愛といってもキリスト教の隣人愛は、その隣人が信者であるかどうかに左右されているようにド・グレーフには感じられました。仮に相手が信者であっても、宗教関係者は相手の魂を救うべく厳しい規則を強いることになります。こうして隣人は、受け入れられるというよりも、責任や反抗や罪を見出されるようになってしまうのです。

そのうえ教会は、たとえばミサに来ないなど従わない者に、罪悪感を感じさせているようでもありました。罪の暗示は恐怖を発動させ、大人を子どもの状態に戻します。多くの信者が、罪がもたらす呪いに敏感な「幼い」信者だったのはそのためでした。集団が個人を引きとめるために利用するこの罪悪感が、キリスト教の本来の姿に合致するものなのか、一信者としてド・グレーフは疑問を抱かずにはいられなかったのでした。

3-4　目指すべき平衡

防衛本能と共感本能

さて、防衛本能は他者のなかに根拠のない悪意を見出します。そして対象を体系的な観察結果へ、一定の法則へ、ときには数字へと還元してゆきます。

誰かを愛する人は、相手をこうした防衛や攻撃の範囲外に出そうとします。相手を「ただの人」に戻そうとする、防衛本能由来の単純化と戦うのです。ド・グレーフは、同時代の哲学者ガブリエル・マディニエを引用して、こう説明しています。「愛するとは、『彼・彼女 il, elle』を『君 tu』にすることである」「その人はもはや、ほかの『彼ら ils』や『彼女ら elles』によって制限された彼 il でもなければ彼女 elle でもない[13]」。誰かを愛するなかで動くのは、防衛本能と同じく根拠のない、それでいて防衛本能とは逆に相手のすべてに価値を見出し、愛を壊すのではなく創り出す、共感本能なのです。

たしかに合理的で論理的であることを自認する人々にとって、他者を図式に還元しないと落ち着かないことはド・グレーフも認めています。フランスの喜劇作家モリエールの作品では、守銭奴アルパゴンや偽善者タルチュフのような人物が現れます。彼らのように、はっきりとした意志や明らかな責任を持ち、欠点ばかりで極端な人物像は、誰かの故意づけでも受けていない限りありえないとド・グレーフは指摘します。現実には、どれほど悪い面ばかりが目立つ人間にも心の広がりはあるものです。そうした一人一人の内なるドラマを追究することでのみ、人間は他者の人格が重要なものであり、他者もまた敬意を払われるべきであると理解することができるのです。

反対に他者の内なるドラマを無視してしまうと、人間は他者の人格を無価値なものとみなし、他者の匿名化へと進んでゆくことになります。たとえば検察の起訴状は被告人を非人間化していたし、そもそも法律自体が抽象的な存在を想定したものでした。

それでも人間は、他者を単純な姿で理解しておきながら、自分自身はそのように理解されたくないものです。裁かれている人は、いまの自分は本当の自分ではない、もっと自分の本質を見てほしいと思っています。人間は他者に、ある一つの行動やいっときの状態からではなく、自身のなかにある、あらゆる可能性によって判断されたいと望むのです。人間を裁くときには、その人間を罪ある意志に還元するのではなく、その人間全体をそのまま感じ取ることから始めなければならないのです。法曹や学者には、犯罪者に対する共感が必要なのです。

防衛と共感のバランス

ただここで、ド・グレーフは、時計職人の資格を持った受刑者のことを思い出します。この受刑者はド・グレーフの時計を修理してくれました。その後彼を出所させてよいか問われたとき、ド・グレーフは悩んだ末にようやく不可という結論を下しました。特別なつながりがなければ、より自信をもって「不可」と言えたのではないか、そうド・グレーフは振り返っています。日ごろ受刑者と接する機会のない人はなおさらでした。ある大臣は刑務所を視察するなかで、妻に仕送りをしているまじめな受刑者を見て、哀れに思ったのか、「ここの医者はこんな人も閉じ込めているのか」と怒りました。大臣の鶴の一声でこの受刑者は釈放されましたが、その晩のうちに妻は殺されかけたのでした。

つまり、犯罪者に共感をもって接するというのは、決して犯罪者と仲良くしたり、犯罪者を憐れんだりすることではありません。相手は罪を犯したのだということを十分に認識しておかなければ、状況を正しく判断することはできないからです。そうは言っても、防衛本能ばかりに頼っていたのでは、犯罪者を理解することはできません。では法曹や学者は、一体どうしたらよいのでしょうか。

実のところ、法曹や学者に限らず、防衛本能と共感本能のどちらの本能にもとづくかによって、他者の見え方は変わるものです。自分を守ろうとばかりしていると、他者を単純化することになり、ひどいときには殺人にまで至ってしまいます。かと言って服従ばかりしていると、自分自身も、状況も見失ってしまいます。人間は防衛か共感のどちらかではなく、平衡を目指さなければならないのです。そのためには、自分のなかにあるこうした二つの側面をしっかりと意識し、両方が収まるような世界を、一人一人模索してゆかなければならないのです。

ド・グレーフの教え子であるクリスティアン・ドビュイストは、塹壕《さんごう》戦を例に出しています。両大戦中、ヨーロッパでは長距離にわたって塹壕が築かれました。兵士たちは塹壕に隠れて敵の攻撃から身を守り、塹壕から身を乗り出して敵を撃ちました。しかしあるときふと気づくといいます。塹壕を隔てた向こうにいるのは、自分と同じ生身の人間であり、故郷には自分と同じく家族がいて、自分と同じように恐怖に震えているのだということに。それでも武器を捨てれば自分が死ぬことになります。こうして塹壕という世界で、兵士は二つの本能の間で平衡状態を見つけなければならなかったのです。

　個人だけでなく、社会もまた平衡を目指すものです。たとえば原子爆弾の使用は、人類に、史上初めてカタストロフィが避けられないことを理解させました。この武器を手に入れた人類は、いままでとは異なり、平和を目指す方向に進んでゆくだろうとド・グレーフは予想しています。それは、社会が進歩したからでもなければ人類の道徳性が高まったからでもありません。防衛と攻撃が優勢になってきたなかで、共感的なつながりを持たなければ危険であることにようやく気づいたからなのです。

　同じように、防衛本能に動かされて被害者を単純化し、他殺のプロセスを進んだ犯罪者は、共感本能によってバランスを取らなければなりません。それを目指す犯罪学者も、犯罪者を法的な概念に還元してしまうのではなく、意識的に共感本能を働かせる必要があるのです。ド・グレーフは言っています。

　罰するのは良い。助け、救うことができたらもっと良い。だがそのためには犯罪者の人生の中に少し介入する必要がある。そしてそれは、犯罪者に対する真の共感がなければ不可能である。[14]

3-5 犯罪学と文学

文学のなかの犯罪者

小さい子どもたちがおとぎ話によって共感本能を育むのだとすれば、文学は大人たちに、失われた共感本能を取り戻させてくれるようにド・グレーフには思えました。文学作品のなかでは、動物や人間に魂が与えられます。読者とよく似た境遇の登場人物もいれば、犯罪者が描かれることもあります。

たとえば古代ギリシャでは、人間の、ときに犯罪的な傾向までもが神々のなかに描かれていました。嫉妬も復讐も、皆神々によって平然と起こされていたのです。しかしその後キリスト教の影響で、罪人は責任と悪しき意図を持つ人間として理解されるようになりました。嫉妬を描くにあたり、ウィリアム・シェイクスピアがオセロをキリスト教徒ではなく異教徒に設定したのはそのためだ、とド・グレーフは考えています。ジャン・ラシーヌは古典と同様に嫉妬や復讐を描きましたが、それらもやはり、責任と悪しき意図に挟まれた内的葛藤の果てに行なわれるのでした。

近代に入り、ヨハン＝ヴォルフガング・フォン・ゲーテが生み出したウェルテルは、失恋して自殺プロセスに入りこんだ人々に、計画実行の一つの形を示しました。ロマン主義はクライム・オブ・パッションを、最大限の情熱の表明とみなしました。その後の自然主義は、防衛と攻撃によって知覚された人間を描きましたが、それは犯罪を異常のゾーンに押しこめる犯罪学の進歩が反映されたためだとド・グレーフは言っています。

もちろん、文学作品に描かれる犯罪者が、必ずしも現実の姿に近いとは限りません。ド・グレーフも講義のなかで、「（ヴィクトル・ユゴーの『レ・ミゼラブル』〈１８６２〉のように）飢えた子どものためにパンを盗み、冷酷な司法によって刑務所に送られたという古典的なケースは見かけたことがない[15]」と言っています。また、犯罪の強迫観念を持つ人のうち実行に至るのは１００分の１であり、動機も葛藤もないような犯罪者は文学のなかにしかいないとも指摘しています。

しかし、１９３９年から１９４０年にかけて犯罪学サークルに所属していたある学生は、モーリヤックの『テレーズ・デスケルー』（１９２７）を読み、内容が精神医学の理論とどれだけ合致するか証明してみせました。『癩者への接吻』の作者モーリヤックは、『テレーズ・デスケルー』では、夫に毒を盛る女性を描いていたのです。発表した学生のノートは、まるで刑務所で毒殺犯を前にとられた観察ノートのようでした。作家と精神科医は、同じ対象を前に、同じものを見出し、違う言葉で表現していたのです。ド・グレーフが次のように述べたのはそのためでした。

　今日では作家が病理学を学ぶということもあるだろう。だが作家たちの観察は科学の観察よりもずっと先んじているのであり、われわれの研究結果だって、数世紀前から重大な心の葛藤を描いてきた作品のなかに含まれているのだ。[16]

　ド・グレーフも、同時代のイギリス人作家クロード・ホートンの作品『間一髪』（１９３０）を分析しました。兄への劣等感を抱えていた主人公は、友人からも劣等感を感じさせられます。知らず知らずのうちに、劣等感から殺意へと至るプロセスが準備されて、最終的に主人公は友人を殺《あや》めてしまうのですが、自分ではそれが殺人なのか事故なのかわからずにいるのです。同じように、何が起こったのかわからないという犯罪者はいるだろうし、反対に、事故だというのに自分を責めるあまり「殺した」と言う人もいるかもしれないことを、ド・グレーフはこの作品から学んだのでした。

こうしたことからド・グレーフは、文学を批判するだけで満足してはならないと考えました。人間は防衛本能ゆえに敵意に満ちた環境に投げこまれ、つねに危険を告げられ、苦しみによって外界とつながっています。人間を研究することは、人間が苦しむようすを研究することであり、その点において精神科医も犯罪学者も作家も、関心を同じくしているのでした。

文学は犯罪学に応用できるか

人間の精神に関する知を文学作品のなかに見出そうとしたド・グレーフの姿勢は、半世紀後にピエール・バイヤールが精神分析に対して試みた「文学の応用」を先取っていたようにも思えます。

バイヤールが『文学は精神分析に応用できるか？』（２００４）で説明するところによると、フロイト以降行なわれてきたのは「（文学への）精神分析の応用（psychanalyse appliquée）」でした。それは精神分析の光で作品を読むことであって、作品のなかに独自の意見や反対の意見を見出そうとすることではありません。精神分析は優位にあり、作家はただのメッセンジャーとみなされたのです。

それに対してバイヤールは「（精神分析への）文学の応用（littérature appliquée）」の可能

性を探ります。「すでに知られた理論と一致させようというのではなく、そこに表明されているものを重視した場合、ある作家の作品は、心理学の分野においてわれわれに何をもたらしうるだろうか？」と考えたのです。ただし、文学の精神分析的な価値を評価するには、結局のところ精神分析に頼らなければなりません。こうして「（精神分析への）文学の応用」の試みは、精神分析と文学の間の力関係によって妨げられてしまったのでした。

　ド・グレーフの場合、いくつかの文学作品からヒントを得ていたことはすでに見た通りです。理論を打ち立ててからも、やはり文学作品のなかに例を見出そうとしていました。もちろん、作品のなかに自分の理論を無意識に探してしまうことはあったかもしれません。それでも、精神医学の観察結果がすでに文学のなかに描かれていると堂々と明かしたド・グレーフは、文学とは少なくとも対等な立場に立とうとしていたように思います。そんなド・グレーフの研究は、「（文学への）精神医学・犯罪学の応用」ではなく、「（精神医学・犯罪学への）文学の応用」と呼べるものだったのではないでしょうか。

　もちろん、すべての文学が精神医学に先んじているわけではないとド・グレーフは言います。作家は専門家と違い、必ずしも客観的であろうとしているわけではなく、犯罪者を、ときに主観を混ぜて描いてしまうからです。そうした文学のうちでもあまりに極端なものや短絡的なものについては、ド・グレーフも読者に与える間接的な影響を懸念しています。

ただ、これはあくまで私見ですが、文学作品とはどんなに客観的であろうとしていても、主観的になってしまうものなのではないでしょうか。作者の主観というよりも、対象の主観という意味においてです。ある人物の心を描くには、外から見たその人物ではなく、その人物の内側に「介入し」、内側から見た現実を描く必要があります。つまり犯罪者を描くとき作家は、レイモン・サレイユの言うところの主観的犯罪性（犯罪の心理的な起源や実行前の感情を通して理解される犯罪性）を描く傾向があるのではないでしょうか。この点において作家とド・グレーフの観察方法は、文学が客観的でなくても／ないからこそ、やはり合致するように思えるのです。

3-6　ド・グレーフの文学的実践

アマチュア作家ステファヌ・オータン

そんなド・グレーフが文学作品を発表していたことを、精神科医も犯罪学者もあまり重視してきませんでした。文学研究者はというと、この作家としてよりも学者としての活動のほうが目立った人物の作品に、ほとんど関心を示した形跡がありません。

当のド・グレーフはというと、文学が好きだっただけでなく、学生時代には小説家になりたいと思ったこともありました。それにＧの事件（じゃがいも畑の殺人未遂、１７７頁）のケース・スタディでは、精神科医と犯罪者の会話をそのまま取り込んだ箇所も出てきます。Ｇについて説明するなかで、ド・グレーフはいきなり「この続きは犯人の心の状態を示すために会話形式でお見せしよう」と言い出して、それまで「彼は～した」と三人称で語られていた犯人に、二人称で語りかけ、一人称で語らせているのです。


「結局のところ村中があなたたちの関係を知っていたわけです。あなたも疑いが自分に向けられるとわかっていたはずです。第一、もし現場となった畑の持ち主が犯人だと疑われたら、いったいどうするおつもりだったんですか？」

「考えもしませんでした。そこまで考えてなかった。殺そうなんて思っていなかったんです」

「どれもこれも不可解ですねえ」

「不可解だと言いたければ言えばいいですよ。でもああいうときには、事はとにかく単純なんです。僕は彼女に嫌われたくなかったし、失いたくもなかった。そして彼女は夫に死んでほしがってたんです[17]」

そんなド・グレーフも、作家として活動するにあたり、当初はステファヌ・オータン(Stéphane Hautem)というペンネームを使っていました。それは、ボーランの聖母をめぐる一連の論争で、エティエンヌ・ド・グレーフという名前によくないイメージがついてしまったからだろうと言われています。

最初に手がけたのは、『シテ・クレティエンヌ』というカトリック系の雑誌に掲載された『アマンティ通信』（１９３８～１９４０）という作品でした。南太平洋の架空の島にいる、その名もステファヌ・オータンという特派員が、『シテ・クレティエンヌ』と通信するという内容です。発見されたばかりのこの島では、ナチス・ドイツと手を結ぶ人物の影響で、全体主義的な傾向が強まっていました。反発していたオータンでしたが、やがて精神を病み、謎の機械の開発を目指して閉じこもってしまうのでした。

占領下で『シテ・クレティエンヌ』は発行できなくなり、『アマンティ通信』も未完のまま終わってしまいます。しかし、戦後にド・グレーフは、ふたたびオータンのペンネームで、『沈黙への回帰――ホモ・シトロエンシスＫ２８８‐２の日記』（１９４６）という小説を発表します。

西暦２５００年の世界を舞台にしたこの作品は、エフゲニー・ザミャーチンの『われら』（仏訳、１９２９）やオルダス・ハクスリーの『すばらしい新世界』（１９３２）の影響を受けたディストピア小説です。前作『アマンティ通信』とは連作になっており、オータン特派員が作ってしまった謎の機械も登場します。それに、前作以上に主人公の心理、とくに外の世界に憧れるという一種の反社会的な心理が段階を追って描かれており、作者の犯罪学理論が反映されているのを見ることができます。

『夜はわが光』

ド・グレーフがようやく本名で小説を発表したのは、１９４９年のことでした。ペンネームを使わなくなったのは、家族が背中を押してくれたからだろうと言われています。その小説『夜はわが光』は、現代を舞台に精神疾患をテーマとするものであり、彼の理論と重なる描写が、オータン時代の作品よりも頻繁に出てきます。哲学者のエマニュエル・ムーニエの紹介でパリのスイユ社から出版されたこの作品は、多くの言語に翻訳されることになりました[18]。

エリザベットという女性が、ある日突然、自分はツタンカーメンの妻であると言い出します。父は大きなショックを受けますが、夫はというと、以前から彼女のようすが気にかかっていました。病的な人間にも正常な人間にも、心理的なプロセスがあることがここでも強調されています。

事実、病のプロセスがエリザベットに見られたように、夫はかつて犯罪のプロセスのようなものを抱えていました。結婚前、夫には別の恋人がいましたが、彼女が修道院に入ってしまったことで、まずは自殺を考え、ついで彼女を苦しませることを目論むようになったのです。その後、エリザベットに出会ったことでこのプロセスは止まりますが、夫婦仲が悪くなってくると、死亡事故の報道を読んで犠牲者の名前をエリザベットと読み間違えたり、エリザベットが発病すると、いますぐ死んでくれたほうがましだと口にしたりするようになります。

エリザベットは実家で修道女の看護を受けていました。しかしこの修道女はエリザベットに対して防衛本能を抱き、彼女を服従させようとします。そしてある夜、怒りが頂点に達したエリザベットによって瀕死の重傷を負わされてしまうのです。

強制的に入院させられたエリザベットの看護に当たった別の修道女は、なんと夫の昔の恋人でした。エリザベットが妊娠していることを知ると、この修道女はまるで自分が母親になったようなつもりで、共感本能をもってエリザベットを看護します。そしてエリザベットが無事に子どもを産んだのを見届けて、病院を去っていったのでした。

子どもが生まれた連絡を受けると、夫はそれまでエリザベットに抱いていた複雑な思いも忘れて、病院へと駆けつけます。夫はエリザベットと子どもを守ってくれた「見知らぬ」修道女に感謝の祈りをささげ、エリザベットもやがて快復し、家に戻ったのでした。

出版の翌々年、ド・グレーフは北方アカデミーから入会を認められます。両大戦間期に作られたこのアカデミーには、それまでジェームズ・アンソール、アンリ・マティス、ポール・クローデルらが在籍していたうえ、ド・グレーフが占めることとなったのは、亡きモーリス・メーテルリンクの席でした。

『モーリー裁判官』

１９５６年、ド・グレーフはスイユ社からふたたび小説を出版します。『モーリー裁判官』

です。ある裁判官のまわりで起こる不可解な事件を描いたこの作品は、精神医学よりもむしろ犯罪学に近い内容になっています。それでも主人公が住んでいるのは『夜はわが光』の舞台となった建物であり、『夜はわが光』と『モーリー裁判官』がやはり連作であることがわかります。

裁判官夫妻の仲は悪く、妻が浮気していることに気づいた夫は嫉妬に苦しんでいました。仕事で関わった医者から犯罪生成プロセスについて説明された彼は衝撃を受けます。そして、これまでどれだけ被告の行為ばかりに注目して人間性を無視してきたか気づかされたのでした。

実際、裁判官に恨みを抱く元被告女性がいました。顔にひどい傷のあるこの女性は、前作『夜はわが光』でエリザベットに攻撃された修道女でした。彼女は戦時中ナチス・ドイツに協力し、そのかどで裁判官から十年の判決を受けていたのです。

裁判官が顔すら覚えていないことを逆手に取って、彼女は家政婦として屋敷にもぐりこみます。そして彼が一人で食事することになった夜、料理に毒を盛るのです。しかし、毒が効くまでの間、一対一で対話するなかで、彼女は対独協力が偽善であったことに気づきます。裁判官が致死量を摂取する前に皿を下げた彼女は、自室に下がるふりをして屋敷から去っていったのでした。

それでも瀕死の状態に陥った裁判官は、犯罪生成プロセスについて説明してくれた医者のもとに運びこまれ、一命を取り留めます。やがて裁判官は退院し、妻は浮気相手と手を切って夫のもとへと戻ったのでした。

ダニエル・ラガッシュはこの小説を、「クライム・オブ・パッションが起こらなかった話」[19]と呼んでいます。それでも完全なハッピーエンドというわけでもありません。物語の最後で、元修道女の家政婦がまだ毒を捨てていないことが明かされるのです。

『モーリー裁判官』出版から2年後のインタビューで、ド・グレーフは連作の3冊目となる小説『天の沈黙』を準備しているところだと言っています。そしてそれが最後の小説になるだろうということでした。『夜はわが光』以降、一つの屋敷を舞台に起こってきた一連の物語は、そこで完結するはずだったのかもしれません。

いずれにせよ、元修道女が殺人未遂を犯すという内容から、『モーリー裁判官』はキリスト教関係者からそれまで以上に非難されておかしくない作品でした。しかし発表からほどなく、本作はスクリプトール・カトリック賞（キリスト教に関する優れた作品に与えられる賞）を受賞しました。本来ならば『夜はわが光』でもらえるはずだったのが、ロヴァンジュール精神病院が悪く描かれているとして問題になったため、次作での受賞になったという噂でした。ですが、もしかしたら連作となったことで、ド・グレーフの真意がキリスト教を揶揄することではなく、「かくも弱くかくも立派なものである」[20]人間を描くことにあるということがようやく理解されたからなのかもしれません。

3-7　文学のなかの、犯罪へ至る心理

文学と犯罪学の協力

犯罪学者が手がけた文学作品という点でいえば、『モーリー裁判官』は文学と犯罪学の関係史において非常に大きな意味を持つものでもありました。

ド・グレーフの時代からさかのぼること1世紀、受刑者の更生を目的として、道徳本のコンクールが開かれたことがありました。犯罪の問題は、文学の力を借りて解決されようとしていたのです。ところがその後、監獄学（science pénitentiaire）や犯罪学が発展してゆくなかで、文学に助けを求めるのは時代遅れとみなされるようになりました。文学が犯罪をそそ

のかしていると非難されることもありました。

それでも、ド・グレーフからすれば、20世紀にあっても犯罪学は手さぐりの段階を抜けてはいませんでした。とくにド・グレーフは、犯罪学のことをsciences pénitentiairesと、単数形ではなく複数形で言い換えています。犯罪に関する学問は複数の学問が合わさったものであり、それらとの協力がなければ立ちゆかないのです。そうした複数の学問のなかに、ド・グレーフは文学も含めていたのかもしれません。

ユゴーが描いた殺人犯の心理

実際、ド・グレーフが名前を挙げた作家以外にも、犯罪生成プロセス理論に近い描写をしていた作家はいます。たとえばユゴーです。

小学校時代のド・グレーフと同様、ユゴーも「本物の殺人犯」を目にしたことがありました。１８４７年、貴族院の同僚でそれまで２、３回話をし、前の月にも仕事で会っていたプララン公爵が、妻を殺害し、１週間後に服毒自殺したのです。映画『凡《すべ》てこの世も天国も』（１９４０）のもとになった事件です。

以下は事件に関してのユゴーの見聞録からの引用です。まず、計画性の有無についてですが、ユゴーはド・グレーフと同様、判断の難しさを理解していたようです。

> 　計画性はあったのだろうか？
> 計画性？　有りであるし無しでもある。この点について確認しておこう。根気のいる仕事や芸術作品のように、犯罪を望み、準備し、手はずを整え、組み立て、手配する、法的な計画性、刑法によって定められる計画性がある。
> 　それから無意識の計画性もある。

　そしてユゴーは、ある妻殺しの男に見られる無意識の計画性を、次のように説明したのでした。

> 　（…）新聞のなかでこのようなニュースを目にする。「○○公爵夫人が死亡」。彼は言う。「そう、あのひとはいい妻だった、夫をあんなに幸せにしていたじゃないか！　なんて残念なことだろう、別のじゃなくて彼女が死ぬなんて！　いい妻は早く亡くなり、悪い妻は残るんだ」。

田舎に遊びに出かけているときに、事故が起こる、馬車が横倒しになる、妻は傷一つない。夫は考える。「あいつが首を折るような幸運は訪れないんだな」。

妻が病気になる。夫は不気味なほど喜んでいる。不幸のチャンスが訪れるのをじっと眺め、臆面などみじんもなしに、独り言《ご》ちる。「くたばってくれないものかな！」。

　妻は快復する。

（…）

　ある夜、何らかの激しい口論の後で、夫は思う。「あいつから解放してくれる人がいたら10万フランくれてやるのに！」。

（…）

　とうとうある日、この嵐に満ちた夫婦の間に悪い風が吹く。（…）妻が、母が、すべての権利を持つ女性が、夫の何らかの要求に激怒し、つつしみもあわれみもなしに夫の敏感な感情を乱暴に傷つけ始める。夫は陰鬱なようすで出て行くと、独り言を言う。

「あいつも気をつけたほうがいい！　スズメにするみたいに首をくいっとねじり折ってやるかもしれないんだからな」。

　言うのとするのとの間には、もはやほんの一歩しかない。

> 男の精神はこうして、夢想から夢想へと、階段の一段一段のように、恐ろしい考えのところまでのぼる、もしくは落ちる。
>
> まさに、だんだんと、である。

死亡記事や事故の知らせから相手の死を願い、次第にはっきりとした殺意を、無意識のうちに抱くようになる。ユゴーが想像し、描き出した殺人犯は、ド・グレーフの説明した殺人犯の心理プロセスと似た段階を「一段一段」と進んでゆきます。

最終的にユゴーは、それまでもよくあったはずの、小さな口論が決定的なきっかけとなる可能性を示唆しました。

> 結末は突然の、乱暴な、思いがけない、ぞっとする、軽率な、常軌を逸したもので、あらゆる場当たり的な性質を備えていることだろう。いまや彼を誘うにはほんの小さな口論で足りる。すでにいっぱいになっている花瓶をあふれさせる一滴なのだ。いっぱいになっている？　何が？　この魂のなかで、おそらくは何年も前から、一滴一滴、恨み恨みと漏れ出ていて、殺人犯自身、知らないうちに熟させていて、自分でもわからずに

いた、無意識の計画性である。[21]

こうしてユゴーは、計画性があったかどうかという争点では事件を理解できないことを確認したうえで、ある妻殺しの夫の心理を、ときに「彼 il」ではなく、「人／われわれ on」という主語を使って、共感本能をもって描き出したのでした。そこでは夫の独り言に区切られる形で、ド・グレーフが次世紀に示すことになる殺人犯の心理過程がはっきりと浮かび上がっているのです。

スワンの心

殺人犯の心理、もしくは殺人を犯しかねなかった人間の心理過程を描いたのは、ユゴーだけではありません。

マルセル・プルーストの『失われた時を求めて』（１９１３－１９２７）の「スワンの恋」を見てみましょう。サロンでオデットと恋に落ち、カトレアを直してやるという有名な口実で想いを遂げたスワンでしたが、そのサロンに出入りできなくなったあたりから、ようすがおかしくなってきます。まずはサロンの面々の悪口を、一人きりだというのに大声でまくしたて、オデットのことも「ひどく通俗的で、かわいそうに、何よりひどくばかだから！！！[22]」と悪しざまに言うのです。

　別の日、オデットがサロンの人々と出かけるのを止められなかったスワンは、彼女に「愛情もこれ以上抵抗できないような厳しい判断を[23]」下すかもしれないと予告します。単なる別れのほのめかしかもしれませんが、「判断（判決）」という言葉が使われているところに、不正を受けているという感情を彼が抱いていて、復讐することを正義と捉えていることがうかがえます。

　ほかにもスワンは、オデットが来たら通すようにと門番に10回以上も注意しに行ったり、自分にはオデットの行き先に現れる正当性があるのだと考えたり、興信所に行ったり、男たちに会えないようどこかに閉じ込められないかと考えたりします。さらには、「彼女が朝から晩まで外にいるのだから、道でも大通りでも、何かの事故に遭って苦しまずに死んでくれたら」と考えるようにもなるのです。[24]やがて、新聞を読みながらオデットの死を望んだり、マホメット2世という、精神の自由を取り戻すために妻の一人を短刀で殺害した人物に共感を覚えたりするようにもなります。ついには夢のなかで、オデットの目をくりぬき、頬を押しつぶしてやりたいという強い思いにもかられるのです。

しかし、夢から覚めると、スワンのなかでそれまで目につかなかったオデットの欠点がよみがえってきました。そして好みでもない女性に心を乱されるなんてどうかしていたと気づくのです。オデットの不在に加えて、他殺願望の代償となる夢を見たことで、スワンの犯罪生成プロセスは止まり、相手と自分自身の再評価が行なわれた――。ド・グレーフであればこう分析したかもしれません。

マロの原始的な犯罪者

エクトール・マロも忘れてはなりません。[25] マロは児童文学『家なき子』（１８７８）の作者ですが、生前は大人向けの作品でも知られていました。そうした作品のなかには、精神疾患に悩まされたり、罪を犯したりする登場人物が出てくることがあります。

たとえば『青い血』（１８９６）という作品では、ある夫人が婿の死を次のように望んでいます。

　この婿を厄介払いしてくれるものは何もないというの？　婿が死んでくれるようなことはないというの？　おぼれるかもしれない。馬に蹴られるかもしれない。馬車にひかれるかもしれない。木が倒れてくるかもしれない。雷に打たれるかもしれない。色々な事故死が、つまりは神の摂理による死がないとでもいうの？[26]

そして娘に恋する男性を前に、次のようにも言うのです。「ああ、娘が未亡人でしたらねえ[27]」。「未婚」ではなく「未亡人」と言うところに、夫人の秘められた願望が表れていると言えるでしょう。夫人の犯罪生成プロセスはこの男性に引き継がれることになり、婿は殺されてしまいます。

そんなマロですが、古代史にも関心があったようで、罪を犯した人間をしばしば原始人にたとえています。というのも、「今日、犯罪とされているものは、かつてはそうではなかった[28]」からです。良心や正義は、人間が進化の過程で生み出したものにすぎません。その人間の社会がまだまだ発達しきれていない以上、罪を犯す原始的な人間がいたとしても、マロからすれば、まったくおかしくないということになるのです。[29]

ド・グレーフもまた、犯罪とは時代の問題なのだと言っています。戦時中のベルギーで、罪がかつてほど不名誉ではなくなっていたのを見たからです。ほかにもド・グレーフは、人間は社会生活を営んでゆくなかで、原始時代の「獣の自由」を禁じていったのだとしています。たとえば性犯罪者は、罰するだけではなく教育が必要な、進化に適応できない人間なのです。

このようにマロとド・グレーフは、ともに犯罪と原始時代を結びつけていました。それでいて、犯罪者を近代社会に現れた先祖返りだとしたロンブローゾのように、犯罪の原因を個人の決定的な性質に求めようとはしなかったのです。

ただ、ド・グレーフのほうは、誰もが心のなかで原始的な傾向と戦っていることを意識していました。そのためマロとは違って、いくら社会が進化したとしても犯罪はなくならないと考えていたのでした。

（犯罪学への）文学の応用のために

ここまで１９３０年代以降のド・グレーフの理論を手に、19世紀から20世紀にかけての文学作品に見られる犯罪生成プロセスの描写や犯罪者観を見てきました。

お気づきのようにこの試みは、バイヤールの言うところの、ある理論を知る者による「（文学への）学問の応用」となる危険性をはらんでいます。そうならないためには、ド・グレーフの理論と必ずしも合致するわけではない、作家たち自身の視点や表現について、並行して研究してゆく必要があるでしょう。そうした文学研究を目にすることになるであろう犯罪学者たちに、「(犯罪学への) 文学の応用」は託すことにしたいと思います。

少なくとも本章は、作家としてのド・グレーフを紹介するだけでなく、19世紀から20世紀にかけて犯罪学の世界で軽んじられてきた文学を、その犯罪学の視点から再評価することにつながったのではないでしょうか。

＊1　De Greeff, *Notre destinée et nos instincts*, p. 28.

＊2　*Ibid.*, p. 66.

＊3　De Greeff, *Aux sources de l'humain*, Paris, Plon, 1949, p. 159.

＊4　De Greeff, *Notre destinée et nos instincts*, p. 235.

＊5　*Ibid.*, p. 103.

＊6　邦訳では「同情」となっています。訳者によれば「sympathie」は共同感情という意味であって

同情という言葉の一般的なニュアンスとは異なるものの、すでに定着した訳語であったため使用したといいます。

＊7　De Greeff, *Les instincts de défense et de sympathie*, Paris, Presses Universitaires de France, 1947, pp. 31-32.

＊8　De Greeff, *Notre destinée et nos instincts*, p. 118.

＊9　*Ibid.*, p. 106.

＊10　*Ibid.*, p. 118.

＊11　*Ibid.*, p. 141.

＊12　*Ibid.*, p. 169.

＊13　De Greeff, *Les instincts de défense et de sympathie*, pp. 156-157.

＊14　De Greeff, *Amour et crimes d'amour*, p. 269.

＊15　De Greeff, *Introduction à la criminologie*, 1946, p. 122.

＊16　De Greeff, *Amour et crime d'amour*, pp. 313-314.

＊17　*Ibid.*, pp. 234-235.

＊18　邦訳も現在進められています（２０２４年、幻戯書房より出版予定）。

＊19　Daniel Lagache, « Réflexions sur De Greeff et le crime passionnel », *L'homme criminel. Autour de l'œuvre du Dr. E. de Greeff*, Louvain, Éditions Nauwelaerts, 1956, p. 71.

＊20　第一章参照。

＊21　Victor Hugo, *Choses vues 1847-1848*, édition établie par Hubert Juin, Paris, Gallimard, 1972, pp. 155-168.

＊22　Marcel Proust, *À la recherche du temps perdu*, t. I, Paris, Gallimard (Pléiade), 1987, p. 282.

＊23　*Ibid.*, p. 285.

＊24　*Ibid.*, p. 349.

＊25　この箇所は日本学術振興会科学研究費補助金・基盤研究Ｃ「戦、金、愛―エクトール・マロの大人向け作品における近代社会とその犠牲者たちの描写」（課題番号２１Ｋ００４３３）の助成を受けて執筆されています。

＊26　Hector Malot, *Le sang bleu*, Paris, Ernest Flammarion, 1896, p. 166.

＊27　*Ibid.*, p. 277.

＊28　Malot, *Le roman de mes romans*, Paris, Ernest Flammarion, 1896, pp. 246-247.

＊29　*Ibid.*, p. 248.

戦後の活躍

ルーヴァン大学精神医学科の教授の座を長年占めていたドランデですが、その後任がようやく決まりました。ド・グレーフの友人シャルル・ルヴロワです。ド・グレーフは法学部の、それも特任教授止まりで、専任教授に任命されることはありませんでした。

それでも戦後、ド・グレーフはレオポルド勲章（オフィシエ）をはじめとするいくつもの勲章やメダルを授けられました。なかにはフランス公衆衛生勲章もありました。１９５２年には刑務所人類学局の医長にも任命され、辞任するまでの３年間に、釈放囚に関する資料を集めたセンターを開設しています。

彼を必要としていたのはベルギーだけではありませんでした。国際犯罪学会で発表したり、国連主導の養成過程で指導をしたり、ユネスコが開催した国際犯罪学講座で教鞭をとったりしたことがきっかけで、世界的に名声が高まっていたのです。国際犯罪学会は彼を運営評議会のメンバーに選出し、１９５１年には学術評議会の会長に任命しました。その年、アルゼンチンの犯罪学会も彼を名誉会員に任命しました。１９５８年にはキューバ司法研究所の通信会員に選出され、キューバ大使から証明書を手渡されています。ド・グレーフのほうでも、１９６５年にカナダで開かれることになっていた第５回国際犯罪学会のプログラムを準備していました。

国内では、刑務所や大学に加えて、コルテンベルグのサン＝ジョゼフ病院での勤務もありました。朝７時半の回診では患者の前でコーヒーを飲むこともあったし、ミサの途中で患者のためにとお菓子を買いに行って怒られることもありました。仲の良い修道女たちにイルミネーションを見せてあげようとブリュッセルまで連れてゆき、ほかの修道女たちからやきもちを焼かれたこともあります。それでもロヴァンジュールのときと違って、いさかいは起こりませんでした。

ほかにもド・グレーフは、当時としては革新的な、子どもから大人までを対象とした通院型の治療センターをブリュッセルに開き、軽度の患者はそこで診察することにしました。彼のもとにはさまざまな分野の協力者が集まってゆきました。心理学のブースが地下にあるのを見て、「深層心理を研究してるんだよ」というジョークが飛ぶような、とても和やかな空間であったといいます。かつて精神医学の世界で孤立したド・グレーフでしたが、１９５８年にはベルギー精神衛生連盟の会長にも選出されました。

ド・グレーフの最期

　ド・グレーフが住んでいたのは病院のすぐそばにある修道会所有の家で、９人の孫たちからは「コルテンベルグのおじいちゃん」と呼ばれていました。

　しかし、このころになると、ド・グレーフは健康問題に直面するようになっていました。高血圧に加えて、散発的な狭心症の発作に苦しむようになっていたのです。食事に気をつけ、毎朝散歩をしていましたが、それでも気持ちが落ち込むことはありました。新しいシトロエンの車を買ったときは「買う必要があったのかな」とつぶやいていたし、『夜はわが光』を書いていたときも、真っ青な顔でリビングにやって来て言ったといいます。

「ヴァン＝メーネン（『夜はわが光』の登場人物。心臓発作に苦しむ）を死なせてきた。私もあんなふうに死ぬのだろう」[1]

　その言葉の通り、１９６１年７月21日の未明、ド・グレーフは心臓発作で息を引き取りました。あと数ヶ月で63歳を迎えるところでした。前日もブリュッセルで勤務していましたが、何か予感がしていたのでしょう、数日前から大切な人たちを訪ねていたようです。散歩で見かけ、彼になついていたリスも、その翌日に死んでいるのが見つかりました。

ボーランの聖母ご出現のときから親交のあったペール・ブリュノは、葬儀でこのように述べています。

> 多くの人々が、苦しみ、元気を取り戻す過程で、あなたに助けられました。そうした共感の絆によって、あなたはいまもこの世とつながっています。(…)だから私は心から神に願ってやみません。神がその光であなたを満たしてくださいますように。[2]

それから

7年後、言語紛争の激化から、ルーヴァン大学は二つに分裂しました。ルーヴェン(ここからはオランダ語の発音に従います)はもともとオランダ語圏の町であったことから、オランダ語でのみ授業が行なわれることになり、大学もルーヴェン大学(Katholieke Universiteit Leuven, KU Leuven)と呼ばれることになりました。

フランス語の資料やフランス語での教育、そしてフランス語を話す1万7000人の学生

図表 E-1　ルーヴァン=ラ=ヌーヴの開発

出典）Office du tourisme (Ottignies, Louvain-la-Neuve)

たちは、ルーヴェンから南に30km離れた田園地帯に急遽作られた町、ルーヴァン=ラ=ヌーヴ（新ルーヴァンの意味）に移されました（図表E-1）。犯罪学科も１９７０年代後半、このフランス語圏のルーヴァン大学（Université Catholique de Louvain, UCL）に設立されました（図表E-2）。

ブリュッセルにはいまでもエティエンヌ・ド・グレーフセンターがあり、家庭裁判所や児童保護施設と連携のもと、医者や心理学者たちが、子どもたちの精神状態の立て直しのため尽力しています。国際犯罪学会は3年ごとにエティエンヌ・ド・グレーフ賞を設け、ド・グレーフの教え子ジャン・ピナテルも１９８８年に受賞しました。

図表E-2　フランス語圏のルーヴァン大学

図表E-3　ド・グレーフ教室

図表Ｅ-４　モールドの教会

２００２年には、やはりド・グレーフの教え子でルーヴァン大学（ＵＣＬ）で犯罪学を教えていたドビュイストとその同僚フランソワーズ・ディニエッフの協力のもと、フランスのレンヌ大学でド・グレーフに関する学会が開催されました。そして今日、ルーヴァン大学（ＵＣＬ）犯罪学科のセミナー室は、ド・グレーフ教室と名づけられています（図表Ｅ-３）。

　ド・グレーフの生まれ故郷モールドの人々は、１９７７年、モールドがトゥルネーに併合された際、彼の生まれたラ・フォンテーヌの道をエティエンヌ・ド・グレーフ通りに改名しようとしました。残念ながら要求は却下され、いまこの通りはヴァル・ド・モールド（モールド谷）通りと呼ばれています。坂道をのぼっていくと、彼が洗礼を受け、結婚式を挙げた教会が静かにたたずんでいます（図表E－4）。

＊1　Casselman, Chapitre 6.

＊2　Casselman, Chapitre 5-2.

あとがき

法学部に進むか、それともフランス文学科に進むか。直前まで悩んでいた私は、1998年3月、後者に入学届を提出しました。こうして埼玉県熊谷市の実家を離れ、私は下宿を始めました。

翌年秋、交換留学の募集が掲示されました。提携校はいくつかありましたが、フランスは競争率が高かったし、小学生のときにくじに当たって一度行っています。そこで申込書には「ルーヴァン大学（UCL）」と記入しました。ベルギーについての基礎知識はほとんどなく、ルーヴァンという町が二つあることも知らなかったけれども、なんとか面接を通過した私は、留学への期待に胸をふくらませていました。

＊

１９９９年10月26日、火曜日。その日はいつものように、授業の後、友だちとカフェでおしゃべりをしていた気がします。

帰宅したときにはもう夜でした。テレビをつけると、そこには桶川の駅が映っていました。実家に帰るときに通る駅です。リポーターによれば、その駅前で女子大生が刺殺されたということでした。私と同じ年頃で、当時若い子たちの間で流行っていたプラダのリュックを身につけていたことが強調されていました。

殺害を指示した男性は、その年の１月から彼女と交際していました。しかし彼女から別れを切り出されると、男性は、買ってやったものの代金を返せと言い、彼女の両親にすべて話すと脅しました。家族を心配させてはならないと、彼女は耐えることにしました。

それでも男性が仲間を連れて家に乗り込んできたことで、両親も知るところとなります。両親は彼女とともに警察に行き、被害を申告しました。しかし軽んじられ、取り合ってはもらえませんでした。

そこで彼女は男性にもらったものを送り返し、毅然とした態度で別れを告げました。男性が彼女の殺害を思いついたのはこのときだといいます。

男性はまず、無言電話をかけたり近所をうろついたりしました。その後、仲間に命じて彼女を中傷するビラを撒かせました。そのビラは、ジャーナリストの清水潔氏いわく「愚にもつかないあきれた代物」だったようですが、異様な執念を感じさせるものでもあったといいます。

彼女と家族はふたたび警察に被害を訴えました。しかし告訴は先延ばしさせられました。中傷の手紙は家族の勤め先にも送られましたが、警察は依然として軽口をたたき、さらには告訴を取り下げさせようとさえしたのでした。

事件の10日前、彼女の家の前に不審な車が現れました。事件の1週間前には、彼女を拉致する計画もあったといいます。そしてあの日、男性は仲間に彼女を襲撃させたのでした。

2ヶ月後、男性を除いて一味は逮捕されました。男性の兄は、弟がたびたび自殺をほのめかしていたことから弟の身を案じましたが、警察は死ぬと言う人間に限って死なないものだと軽くあしらいました。翌月、男性は死体で発見されました。

男性がどのような生い立ちで、どのような環境に生き、なぜ自殺と他殺の想念に囚われたのかはわかりません。ですが、彼女については多くのことが、憶測を交えて語られていました。メディアは、自分たちの思い描く被害者像に合致する証言のみ集めていたようでした。高価なものを男に買わせる、いまどきの女子大生。それは結局のところ、「犯罪的な無関心と軽薄さ」で未来の被害者を追い返した警察が、追及を避けるために作り出し、当初から発表していた被害者像にほかなりませんでした。

*

交換留学から帰ってきても、依然として司法への関心が薄れることはありませんでした。そんなある日、ルーヴァン大学に犯罪学を1年で学ぶコースがあることを、たまたま持ち帰っていた資料で知ります。私は大学院に進み、ふたたびルーヴァン大学に留学することにしました。

犯罪学科の学生は皆ベルギー人で、全部で60~70人ほどいたでしょうか。法学部の学生がほとんどで、あとは歴史、医学、心理の学士号を持つ学生がそれぞれ一人ずついただけでした。そのなかに、文学部出身の、それも外国人を受け入れてくれたことには驚きました。いま思えば、半世紀前にド・グレーフが行なった領域横断的な犯罪学研究、とくに「文学的犯罪学[1]」研究のおかげだったのかもしれません。

犯罪学科では、１コマ２時間の授業が毎日３～４コマあり、それに加えて50ページ以上の最終論文を執筆しなければなりませんでした。これにはベルギー人の学生たちでさえ音を上げていて、最終的に学位を取得できたのは半数ちょっとであったように記憶しています。かく言う私も、入門や基礎は楽しく受講できたものの、統計でつまずいて挫折を味わいました。せめてこれだけはと出した最終論文は、授業で習ったド・グレーフの犯罪生成プロセス理論とプルーストの「スワンの恋」を比較したもので、指導教授はディニェッフでした。

この論文をもとに、帰国後の２００４年、私は学内のフランス文学研究会で「文学は犯罪学にどのように貢献できるのか」と題する口頭発表を行ないました。しかし、日本ではまったく知られていない人物の、それも犯罪学の理論は、文学研究の場では関心を持ってもらえませんでした。「(犯罪学への) 文学の応用」のはずが「(文学への) 犯罪学の応用」とみなされてしまったのもよくありませんでした。プララン事件に際してのユゴーの日記も例に加えて論文化したものの、ただ業績書の最初の１行を飾っただけで終わってしまいました。

しかし、ストーカーによる事件はその後も相次ぎました。１９９９年の事件に対する反省から、２０００年にはストーカー規制法が成立していました。それでもなお、危険が差し迫っていることが理解してもらえなかったり、警察が助けようにも規制対象となる行為の条件に合致しなかったりして、何人もの女性や男性、そしてその家族が、恐怖におびえ、命を奪われてきました。

ストーカーは事前に何らかの兆候を見せているのではないか？　つきまとい行為は、殺害へと至る段階の一部なのではないか？　事態を軽んじるのはもちろん、警察に呼び出して注意することは、もう後がないと思わせて逆効果になることもあるのではないか？　他殺願望に囚われた人間を、落ち着くまで被害者から引き離す方法は日本にはありません。けれどもせめてド・グレーフの理論が知られていればと、悔やまれる機会は後を絶たなかったのでした。

そんなある日、当時光文社に勤めていた田頭晃氏にお声がけいただきました。近代のパリと犯罪について書いてほしいとのことでしたが、そのテーマではちょうど『囚人と狂気―19世紀フランスの監獄・文学・社会』（法政大学出版局、２０１９）を出したばかりでした。そこでいくつか代わりになりそうな案を挙げてみたところ、一番ありえなそうで、自分でも最後に出した案――エティエンヌ・ド・グレーフの犯罪生成プロセス理論――に関心を寄せてくださったのです。

ついにこのときが来たのだと、身がひきしまる思いでした。

＊

その後本書の担当は、光文社の小松現氏、ついで河合健太郎氏に引き継がれました。ド・グレーフの理論を中心にするか、それとも伝記の形にするかで、内容は二転三転しましたが、さまざまなスタイルを試みるなかで、もっともしっくりくる形に落ち着くことができたように思います。原稿のところどころに書き込まれた河合氏の感想には、たびたび心が温かくなりました。

そもそも、ルーヴェン大学名誉教授ジョリス・カッセルマンによる伝記『エティエンヌ・ド・グレーフ（１８９８‐１９６１）―精神科医、犯罪学者、そして小説家―』（原題：Joris Casselman, Étienne De Greeff (1898-1961). Psychiatre, criminologue et romancier, traduit par Yannik Alexandre et Anne Wyvekens, Larcier, 2015）がなければ、本書の執筆は不可能だったかもしれません。ド・グレーフの家族や、彼に関わるあらゆる施設でのインタビューをもとにし、果てには一日本人学生のつたない最終論文まで引用してくれたカッセルマンには、頭が下がるとともに心から感謝しています。

本書を準備していたころは新型コロナウイルスが流行し、海外出張がまったくできませんでした。そんななか国内外の図書館から数々の論文を取り寄せてくださった、当時の所属先である富山大学の附属図書館の皆さまにはたいへんお世話になりました。

本書に掲載されている写真は、パンデミックが明けた２０２２年夏、ようやくベルギーを訪れたときに撮ったものです。新学期の準備で忙しいにもかかわらず、セミナー室を開けてくださったルーヴァン大学犯罪学科の事務の方々、ゲールの聖ディンプナ教会で絵の修復事業について教えてくださった地元の方々、オルヴァルでの調査中ミサに連れて行ってくださった信者の方、ご出現に立ち会ったお祖父様の思い出を語ってくださったボーランの方……感謝したい相手は数え切れません。

貯金を空にしてまで学業を続けさせてくれた両親と、ベルギーで挫折したときに珍しく発破をかけてくれた亡き祖母は言うまでもありません。

２０２３年夏、東京にて

梅澤　礼

＊1　ド・グレーフの視点は「文学的」であって科学的ではないと言う犯罪学者もいたようです。Christian Debuyst, Françoise Digneffe et Alvaro Pires, *Histoire des savoirs sur le crime et la peine 2*, Bruxelles, De Boeck, p. 462.

——— « Allocution. Séance inaugurale. Premier cours international de criminologie, Paris 1952 », « Introduction biologique », « Les incidences de l'examen médico-psychologique et social et le traitement des délinquants », « Les incidences de l'examen médico-psychologique et social sur la prévention du crime », « Les indices de l'état dangereux », in HEUYER, Georges, PINATEL, Jean. (éds.), *L'Examen médico-psychologique et social des délinquants*, Paris, 1953.

——— « Introduction générale au problème de l'état dangereux », « L'état dangereux dans les crimes passionnels », « La classification des délinquants en fonction de l'état dangereux », in Pinatel (réd.), *Le problème de l'état dangereux. 2e cours international de criminologie*, Paris, Maison de l'UNESCO, 1953.

——— « Le devenir, élément du processus criminogène ; la durée, condition de son étude », in *Autour de l'œuvre du Dr. É. De Greeff*, t. I, Louvain, Nauwelaerts, Paris, Béatrice-Nauwelaerts, 1956.

——— « L'examen médico-psychologique et social du délinquant. Cinquante ans d'histoire du droit pénal en Belgique », *Revue de droit pénal et de criminologie*. Publication jubilaire (1907-1957), 1957.

論文

——— « Ferme-école d'Elsum par Gheel. Éducation et rééducation des anormaux par le placement familial », *Œuvre nationale de l'enfance*, Bruxelles, 1925 (11, 12).

——— « Un vagabond délirant méconnu pendant trente années. Contribution à l'étude de la délinquance des schizophrènes », *Revue de droit pénal et de criminologie*, 1927(11).

——— « Normaux et débiles mentaux », *Revue de droit pénal et de criminologie*, 1928.

——— « La psychogenèse des délires », *Journal de neurologie et de psychiatrie*, 1931 (6, 7).

——— « La notion de responsabilité en anthropologie criminelle », *Revue de droit pénal et de criminologie*, 1931 (5).

——— « L'homme chez le criminel », *Revue de droit pénal et de criminologie*, 1932 (5).

——— « Notes sur les Faits de Beauraing », *Études carmélitaines*, 1933 (1).

——— « Vers une explication naturelle des Faits de Bauraing », *Études carmélitaines*, 1933 (1, supplément).

——— « La psychologie de l'assassinat », *Revue de droit pénal et de criminologie*, 1935 (2, 3, 4).

——— « Le sentiment d' injustice subie en pathologie criminelle », *Annales médico-psychologiques*, 1935 (3).

——— « L'état de danger avant le crime », *Revue de droit pénal et de criminologie*, 1938 (3).

——— « Hitler et l'âme humaine », *Revue nouvelle*, 1945 (11, 12).

——— « Rapport sur le projet de réforme de la loi de défense sociale », *Journal belge de neurologie et de psychiatrie*, 1947.

——— « Le feu sacré ou la naissance de l'homme nouveau. Pièce en un acte », *La Revue nouvelle*, 1948 (7-8). (Hautem)

——— « Criminogenèse », *Rapport des actes du IIe congrès international de criminologie*, Givors, Martel, 1950.

——— « L'expérience belge. L'examen médico-psychologique et social des délinquants. Rapports présentés à la Commission Pénitentiaire Benelux », *Revue de droit pénal et de criminologie*, 1952-53.

本書で使用したド・グレーフの著作と論文

研究書

DE GREEFF, Étienne, *Introduction à la criminologie*, Louvain, L'Ecrou, 1937 ; 2e éd., Bruxelles, Joseph Vandenplas, 1947.

——— *Nos enfants et nous*, Bruxelles, Édition de la Cité Chrétienne, 1939.

——— *Amour et crimes d'amour*, Bruxelles, Joseph Vandenplas, 1942.

——— *Notre destinée et nos instincts*, Paris, Plon, 1945.

——— *Les instincts de défense et de sympathie*, Paris, Presses Universitaires de France, 1947.

——— *Aux sources de l'humain*, Paris, Plon, 1949.

——— *Âmes criminelles*, Tournai-Paris, Casterman, 1949.

——— *Psychiatrie et religion*, Paris, Librairie Arthème Fayard, 1958. （河野裕明訳『精神病学と宗教』、ドン・ボスコ社、１９６４）

——— *L'homme et son juge*, Textes et études anthropologiques, Paris-Bruges, Desclée De Brouwer, 1962.

文学作品

——— « Lettres d'Amentie », « Le débile dans la cité », « Une heure avec le Grand Esprit », « À un candidat professeur », « Les Amentiens doivent-ils penser ? », *La Cité chrétienne*, 1938 (276, 278, 281, 282, 288); « Les Amentiens vont-ils penser ? », « L'école buissonières scientifique. L'époque Amentienne », « À un dictateur », « À la recherche d'un homme de rue », « L'Organe », *La Cité chrétienne*, 1939 (291, 293, 295, 300, 302); « Le neutron », *La Cité chrétienne*, 1940 (314). (Sous le pseudonyme de Stéphane Hautem)

——— « Lettres d'Amentie », *Rapprochements*, 1945. (Hautem)

——— *Le retour au silence. Journal d'un homo-citroënsis K. 228. bis*, Bruxelles, Charles Dessart, 1945. (Hautem)

——— *La nuit est ma lumière*, Paris, Seuil, 1949.

——— *Le juge Maury*, Paris, Seuil, 1955.

梅澤礼（うめざわあや）

1979年生まれ。上智大学卒業後、ベルギー政府給費留学生、フランス政府給費留学生として留学したのち、2012年にパリ第1大学史学科博士課程修了。日本学術振興会特別研究員PD、富山大学人文学部准教授を経て、現在は明治学院大学文学部フランス文学科准教授。専門は近代の文学と犯罪学。著書に『囚人と狂気：一九世紀フランスの監獄・文学・社会』（法政大学出版局）、『近代科学と芸術創造：19～20世紀のヨーロッパにおける科学と文学の関係』（共著、行路社）、訳書にカリファ『犯罪・捜査・メディア：19世紀フランスの治安と文化』（法政大学出版局）、ラスネール『ラスネール回想録：十九世紀フランス詩人＝犯罪者の手記』（共訳、平凡社ライブラリー）などがある。

犯罪《はんざい》へ至《いた》る心理《しんり》 エティエンヌ・ド・グレーフの思想《しそう》と人生《じんせい》

2023年11月30日初版1刷発行

著　者 ── 梅澤礼
発行者 ── 三宅貴久
装　幀 ── アラン・チャン
印刷所 ── 堀内印刷
製本所 ── 国宝社
発行所 ── 株式会社光文社
東京都文京区音羽1-16-6（〒112-8011）
https://www.kobunsha.com/
電　話 ── 編集部03（5395）8289　書籍販売部03（5395）8116
業務部03（5395）8125
メール ── sinsyo@kobunsha.com

ISBN 978-4-334-10134-3

光文社新書

1250
会社のなかの「仕事」社会のなかの「仕事」
資本主義経済下の職業の考え方

阿部真大

際限のない「超」長時間労働、蔓延するやりがい搾取、働き手を蝕む過剰サービス。日本人の働き方は、どうすれば変えられるのか？　疲弊した日本経済に「職業の社会学」が新たな地平を拓く。

978-4-334-04657-6

1251
山本五十六、最期の15日間
歴史に埋もれた「幻の3番機」

池田遼太
〈語り〉青木蔵男

「私は1943年4月18日、米軍に撃墜された長官機の後ろを飛んでいました」。99歳の元搭乗員が明かす、山本五十六の戦死の真相。日本海軍の頂点と地べたが交わる戦場ノンフィクション。

978-4-334-04658-3

1252
再考　ファスト風土化する日本
変貌する地方と郊外の未来

三浦展

全国各地のロードサイドに同じような商業施設が建ち並ぶ「ファスト風土化」によって、郊外とそこに暮らす人々の意識はどう変わったか。小説家、建築家、研究者ら13名の論考を収録。

978-4-334-04659-0

1253
コミュ力は「副詞」で決まる

石黒圭

「めっちゃ」「やっぱり」「じつは」「なるほど」「せっかく」「あいにく」「おかげさまで」…etc. 気持ちを効果的に伝える最強の助っ人「副詞」、その分類と機能を知り、使い方の勘所を学ぶ。

978-4-334-04660-6

1254
阪神タイガースはなんで優勝でけへんのや？

喜瀬雅則

歴史　看板　風土　戦略　育成　苦悩　誤解　派閥　そして「アレ」――9つの枠組で分析する優勝が遠のく理由。阪神ファンの元番記者だから書けた「新・阪神タイガース論」。

978-4-334-04661-3

1255
定年前と定年後の働き方
サードエイジを生きる思考
石山恒貴

定年前と定年後の働き方は、個人の思考ひとつで大きく変わる——。この時期を、どう働き、どう過ごし、どう生きるのか。幸福な働き方を実現する思考法を、研究理論と実例から探る。

978-4-334-04662-0

1256
編集者の読書論
面白い本の見つけ方、教えます
駒井稔

古典新訳文庫創刊編集長が綴《つづ》る気取らぬ読書論。話題は海外の書店や出版社、作家、歴史的人物、古典、短編、児童書へと縦横無尽に広がり、未読の本の存在にわくわくすること間違いなし！

978-4-334-04663-7

1257
超遺伝子《スーパージーン》
藤原晴彦

生き物の不思議を司る超遺伝子。メスの一部だけが擬態するナガサキアゲハなど、ダーウィンとウォレスが残した謎を解き明かして見えてきた、遺伝学の新たなフロンティアに迫る。

978-4-334-04664-4

1258
理想の職場マネージメント
一軍監督の仕事
高津臣吾

個性豊かな選手がひとつの方向を向くチームをつくるには？セ・リーグ連覇、交流戦優勝、ゆとりローテーション、言葉の力——球界に革新を起こす名将が自らのマネージメント手法を語る。

978-4-334-04665-1

1259
参議院
倉山満

参議院を制する者が日本の政治を制する——。参議院とはいかなる存在なのか。誕生の背景から歴代政権のスタンス、そして現代日本政治まで、憲法学、政治学、歴史学の視点で検証。

978-4-334-04666-8

1260
東大生のジレンマ
エリートと最高学府の変容
中村正史

急増する休学者に、急進的な起業志向――保守的なはずの東大で、あえて「レール」を踏み外す学生が増えている理由とは？ 激変する東大と東大生の「今」を、当事者たちの声が浮き彫りにする。

978-4-334-04667-5

1261
宇宙・0・無限大
谷口義明

私たちの想像が及ばないほど広大な宇宙は無限の大きさを持つのか。また、この宇宙に0となる物理量は存在するのか。シンプルながらも深遠な問いに天文学者が果敢に挑む一冊。

978-4-334-04668-2

1262
世界視点で読む
企業戦略とアート
上坂真人

なぜ世界のトップ企業は事業としてアートに投資するのか。日本には何が欠けているのか。ビジネスとしてのアートの役割と活用法を、豊富な事例とデータから分析・提言する。

978-4-334-04669-9

1263
教養を磨く
宇宙論、歴史観から、話術、人間力まで
田坂広志

哲学の究極の問い／「運命」とは何か／「人生百年時代」の覚悟／「死」とは何か／二一世紀の「利他主義」――教養とは答えの無い問いを問い続ける力。21世紀の「新たな教養」論。

978-4-334-04670-5

1264
戦時下のウクライナを歩く
岡野直

突如始まったロシアによるウクライナ侵攻。破壊された街で、失われた日常に、そこに生きる人たちは何を思うのか。ジャーナリストが歩いて、見て、聞いた、市民による〝戦い〟の記録。

978-4-334-04671-2

光文社新書

1265

アフガニスタンの素顔
「文明の十字路」の肖像

青木健太

カブール陥落から2年——タリバン統治の実態は？ 女性の権利は？ 和平実現への道筋は？ そして日本が果たすべき役割は？ 激変するアフガニスタン社会を広く深くリポート。

978-4-334-04672-9

1266

生理痛は病気です

邱紅梅

「我慢してやり過ごす」はNG！ 日本女性の生理が社会の犠牲になっていること、その先に待ち受けるリスクを解説。原因を根本から解決する「養生」の方法を中医学をベースに伝える。

978-4-334-04673-6

1267

ChatGPTの全貌
何がすごくて、何が危険なのか？

岡嶋裕史

ChatGPTと上手に付き合う方法を学び、その能力を最大限引き出すには？ 基礎知識からクリエイティビティ、今後の進化、人類の未来への影響までわかりやすく解説。

978-4-334-10013-1

1268

アートとフェミニズムは誰のもの？

村上由鶴

「みんなのもの」になろうとするエネルギーを持っているアートとフェミニズム。両者に対する理解の断絶が進んでいる現在の状況に風穴を開けるには？ 美学研究者による新しい試み。

978-4-334-10014-8

1269

不自由な社会で自由に生きる
「自由論」講義録

ウスビ・サコ編

社会は自由なように見えて、昔も今も違う形で不自由だ。宗教、表現、芸術、性、公共、そして私自身——。私たちを縛るものを知り、自由をつかみとるための8つのレッスン。

978-4-334-10015-5

1270

まんが 押川先生、「抗がん剤は危ない」って本当ですか？

押川勝太郎
おちゃずけ

怖いのは、闘う相手の正体を知らないから――治療の不安、医師との関係、お金、患者会、食事、周囲の人の心得など様々な疑問に、YouTubeで活躍の腫瘍内科医がまんがで答えます。

978-4-334-10016-2

1271

結婚しても一人

自分の人生を生ききる

下重暁子

しょせん、夫婦は他人――。大事なことは「求めない」「期待しない」etc. 夫婦がストレスなく暮らしていくためのヒントとは。50年続いた結婚生活と87年の人生を振り返りながら綴る。

978-4-334-10017-9

1272

日本のコミュニケーションを診る

遠慮・建前・気疲れ社会

パントー・フランチェスコ

本音と建前、過剰な遠慮、「キャラ」の空疎な会話。『アニメ療法《セラピー》』著者のイタリア人精神科医が、日本社会の独特なコミュニケーションによって心身を害する危険性に警鐘を鳴らす。

978-4-334-10066-7

1273

新書100冊

視野を広げる読書

高橋昌一郎

いま、何を読んでおくべきなのか？　今日のニュースの背景から、あの学問の最先端まで。多彩な分野のエッセンスを、この1冊に凝縮。「知」の足場を築くための珠玉のブックガイド。

978-4-334-10067-4

1274

恋愛結婚の終焉

牛窪恵

恋人は欲しくない？ 恋愛は面倒？――でも、結婚はしたい!? 改善されない未婚化と少子化の真の原因はどこにあるのか。昭和の常識から脱却し、「共創結婚」の重要性を検証・提案する。

978-4-334-10068-1

光文社新書

1275

朝、起きられない病
起立性調節障害と栄養の関係

今西康次

「だるさや頭痛、吐き気で起きられない」…中高生の1割が悩む起立性調節障害を栄養の観点から治療・改善させている医師が、発達に必要な栄養や周囲の対応について症例を交え解説。

978-4-334-10069-8

1276

人事変革ストーリー
個と組織「共進化」の時代

髙倉千春

個が活きる組織とは――。複数の外資企業や日本企業で戦略人事や人事制度改革に取り組んできた人事のプロフェッショナルが、これからの日本企業に求められる「新たな知恵」を示す。

978-4-334-10088-9

1277

愛とラブソングの哲学

源河亨

この世はなぜラブソングであふれている⁉ 共感できるから？ 愛が普遍的だから？ 生物学・脳科学・歴史学・社会学など様々な学問を駆使して、哲学研究者が問いの答えに迫る。

978-4-334-10089-6

1278

ワクチンを学び直す

岩田健太郎

効果、安全性、種類、活用法――最新の動きに加え、予防接種制度や海外のワクチンも含めたワクチン接種の全体像を、感染症の専門家が分かりやすく解説。今こそ、正しい知識を！

978-4-334-10090-2

1279

日本企業はなぜ「強み」を捨てるのか
増補改訂版『日本〝式〟経営の逆襲』

岩尾俊兵

「カネよりヒト」のスタイルこそ日本企業の強みだったが、自らその姿勢を手放してしまったのはなぜか。東大初の経営学博士号を取得した気鋭の経営学者が説く、日本経済復活への道。

978-4-334-10091-9

1280
新説 徳川家康
後半生の戦略と決断
野村玄

秀吉の没後、豊臣家と豊臣恩顧の大名たちの制約の中で家康はどのように政治的な手腕を発揮し、幕府の礎を築いていったのか。一次史料から家康の真の偉大さに迫る。

978-4-334-10131-2

1281
発達障害児を育てるということ
柴田哲　柴田コウ

父は発達心理学を研究する大学教授。母は公認心理師。発達の専門家夫妻が軽度自閉症児の息子と送る日々を、保護者視点と研究者視点を行き来しながら綴った「学術的子育てエッセイ」。

978-4-334-10132-9

1282
教養としてのパンク・ロック
川﨑大助

「パンク」の語源は？　誰が「パンク・ロック」と名付けたのか？　なぜ髪を逆立てるのか？　なぜトゲトゲの付いた革ジャンを着るのか？　パンクの発想・哲学を名盤105枚とともに解説。

978-4-334-10153-4

1283
犯罪へ至る心理
エティエンヌ・ド・グレーフの思想と人生
梅澤礼

どのようにして人は犯罪に手を染めることになるのか。誰もが罪を犯しうるとしながら、それでも防ぐ方法を模索し続けた、20世紀ベルギーの精神科医・犯罪学者・作家の歩みを丁寧に辿る。

978-4-334-10134-3

1284
だからタイはおもしろい
暮らしてわかったタイ人の「素の顔」
髙田胤臣

経済格差、階級社会、利己主義……。微笑みの裏側には色々あっても、したたかに、サバーイ（気楽）に生きる。ともに暮らしてはじめてわかる、タイ社会とタイ人の本質とは。

978-4-334-10135-0